AF612684

LE

NOUVEAU PARIS.

Décret concernant les Contrefacteurs, rendu le 19 Juillet, 1793, l'an II de la République.

La Convention nationale, après avoir entendu le rapport de son Comité d'instruction publique, décrète ce qui suit :

Art. 1. Les Auteurs d'écrits en tout genre, les Compositeurs de Musique, les Peintres et Dessinateurs qui feront graver des Tableaux ou Dessins, jouiront durant leur vie entière du droit exclusif de vendre, faire vendre, distribuer leurs Ouvrages dans le territoire de la République, et d'en céder la propriété en tout ou en partie.

Art. 2. Leurs héritiers ou Cessionnaires jouiront du même droit durant l'espace de dix ans après la mort des auteurs.

Art. 3. Les officiers de paix, Juges de Paix ou Commissaires de Police seront tenus de faire confisquer, à la réquisition et au profit des Auteurs, Compositeurs, Peintres ou Dessinateurs et autres, leurs Héritiers ou Cessionnaires, tous les Exemplaires des Editions imprimées ou gravées sans la permission formelle et par écrit des Auteurs.

Art. 4. Tout Contrefacteur sera tenu de payer au véritable Propriétaire une somme équivalente au prix de trois mille exemplaires de l'Edition originale.

Art. 5. Tout Débitant d'Édition contrefaite, s'il n'est pas reconnu Contrefacteur, sera tenu de payer au véritable Propriétaire une somme équivalente au prix de cinq cents exemplaires de l'Edition originale.

Art. 6. Tout Citoyen qui mettra au jour un Ouvrage, soit de Littérature ou de Gravure dans quelque genre que ce soit, sera obligé d'en déposer deux exemplaires à la Bibliothèque nationale ou au Cabinet des Estampes de la République, dont il recevra un reçu signé par le Bibliothécaire ; faute de quoi il ne pourra être admis en justice pour la poursuite des Contrefacteurs.

Art. 7. Les héritiers de l'Auteur d'un Ouvrage de Littérature ou de Gravure, ou de toute autre production de l'esprit ou du génie qui appartiennent aux beaux-arts, en auront la propriété exclusive pendant dix années.

Je place la présente Édition sous la sauve-garde des Loix et de la probité des Citoyens. Je déclare que je poursuivrai devant les Tribunaux tout Contrefacteur, Distributeur *ou* Débitant *d'Édition contrefaite. J'assure même au Citoyen qui me fera connoître le* Contrefacteur, Distributeur *ou* Débitant, *la moitié du dédommagement que la Loi accorde.* Paris.

C. F. Cramer.

rue des bons enfans No 12.

LE
NOUVEAU PARIS

PAR LE CIT. MERCIER.

VOLUME PREMIER.

A PARIS, chez FUCHS, CH. POUGENS, et CH. FR. CRAMER, Libraires.

AVANT-PROPOS.

J'avois terminé, vers la fin de 1788, le tableau de Paris que j'avois commencé en 1781 et qui composoit douze volumes. Je comptois avoir tout dit, du moins tout ce que je savois sur cette ville qui fixe éternellement les regards du monde entier; et je comptois bien n'y pas revenir, lorsqu'une révolution dont le souvenir ne périra jamais, et influera sur les destinées futures de l'espèce humaine, vint bouleverser les moeurs d'un peuple paisible, changer ses habitudes, ses lois, ses usages, sa police, son gouvernement, ses autels, et lui inspirer tour-à-tour le courage le plus héroïque et la férocité la plus lâche. Qu'il fut grand! qu'il fut abject! qu'il fut impétueux! qu'il fut patient! Il faut admettre nécessairement dans cette ville deux peuples distincts; l'un s'élançant généreusement vers la liberté, prompt à tout oser, invincible, généreux; ce fut le peuple du 14 Juillet et du 10 Août: l'autre souple, avide et cruel, prompt à s'emparer des victoires des républicains, à se les attribuer, à se donner pour les patriotes les plus purs, les plus clairvoyans et les plus décidés, lorsqu'ils n'étoient qu'ambitieux de pouvoir et de richesses. Les valeureux républicains furent assujettis par ces sycophantes, qui, cachés dans toutes les occasions périlleuses, se montroient lorsqu'il falloit précipiter le peuple dans le crime et commander à des bourreaux. Aussi les braves guerriers, les fonctionnaires laborieux, les probes, les bons citoyens, ont été trompés, abusés par des démagogues, qui n'ont pris le langage de la liberté que pour la rendre odieuse et exécrable; et dans leur affreux succès, ils ne seroient qu'horribles aux yeux de la postérité; mais qu'on juge combien ils étoient coupables : car la plupart n'ont obéi qu'aux suggestions et aux guinées du gouvernement anglois.

C'est lui qui du premier jour de la révolution, a commandé la contre-révolution, a poussé dans les extrêmes les vertus des uns et les vices des autres: et peu lui importoit que le sang de Louis XVI ou celui de Robespierre coulât sur l'échafaud ou ailleurs: c'étoient deux Français; et tout Français, qu'il fût émigré, qu'il fût républicain, étoit l'objet de sa haîne traîtresse et implacable.

Le plus grand des miracles, c'est que cette superbe ville soit encore debout. Le plan d'attaque qui devoit avoir lieu à Versailles contre l'Assemblée nationale et contre Paris, est un des plus épouvantables projets qui ayent été conçus dans le cabinet d'un roi parjure et d'une cour dépravée. La ville eût été saccagée, livrée au pillage, réduite au tiers de ses habitans. Le despotisme ensanglanté planeroit encore sur ses ruines: la bravoure des Parisiens, leur union, et une faveur inespérée de la fortune, firent pâlir cette cour et ce roi homicides.

Il attache à son chapeau cette *cocarde nationale*, le signal de la victoire et de la régénération; mais avec le dessein secret de la déchirer bientôt, à l'aide de tous les rois voisins, auxquels il auroit livré le pourtour de la France, pourvu qu'il eût pu conserver dans l'intérieur ses valets, ses chiens de meute, sa noblesse et son parlement.

La contre-révolution a commencé, et sous ses auspices; depuis le jour où il retourna à Versailles, en portant la cocarde tricolore qu'il avoit baisée devant tout le peuple, à une des fenêtres de l'Hôtel-de-ville. Tout ce qui s'est fait depuis, s'est fait en haîne de la révolution et de la prise de la Bastille.

Paris est devenu le théâtre, où tous les acteurs des différens gouvernemens se sont rendus, pour consommer l'oeuvre de leur hypocrisie. Chaque jour en dévoila quelque partie; et il n'y a que l'histoire qui puisse dénommer sous combien de masques les traîtres de toute espèce et de tout rang, ont plus ou moins trompé ou fatigué la position des républicains. Les faire déchirer de leurs propres mains, voilà tout le secret des puissances coalisées.

Le piége étoit grossier, mais les passions étoient extrêmes, mais les intérêts étoient singulièrement diversifiés. L'impétuosité naturelle aux Français, servit leurs ennemis, et une sorte d'inconstance les promena dans des idées contraires, et les dirigea quelquefois à leur inçsu vers un but opposé.

L'orgueil des meneurs les opposa l'un à l'autre, et les échafauds même furent abattus par ceux qui les avoient dressés, non par amour de l'humanité, mais par l'ardente jalousie du pouvoir tyrannique. Comment les républicains sont-ils sortis triomphans de ces monceaux de cadavres, et dont les bouches muettes disent encore: Tout ce qui a voulu la République, tout ce qui l'a soufferte, a été jugulé, après avoir été calomnié?

Le 13 Vendémiaire, qui n'étoit que la répétition du 31 Mai, devoit voir la ruine du parti républicain. Nouveau miracle qui le sauva! Jamais les Parisiens ne furent plus abusés que dans cette journée fameuse; ils expièrent cruellement leur erreur. Mais ce fut la victoire du parti républicain qui influença le 18 Fructidor. Paris resta calme, attendit; et les conjurés royalistes furent écrasés sans retour. Paris fut sauvé encore ce jour-là de l'horrible contre-révolution, dont les suites seroient incalculables: il ne paroît plus disposé à suivre les étendards des séditieux; il porte ses regards sur ces braves armées qui défendent la patrie, et il sent enfin que la patrie n'est pas toute entière dans son enceinte; il se livre aux fêtes, aux plaisirs et aux arts; il a trop souffert peut-être pour chérir le mot *république*, mais il est républicain à sen insçu; et l'instinct qui le porte tôt ou tard vers la grandeur, les fêtes vraiment nationales, où il se complaît de tems en tems, la renommée de nos armées, et cette haîne de l'Europe, qui n'est qu'une admiration déguisée pour tant d'actes éclatans, tout le conduit insensiblement à oublier le mot de *roi*, de *monarchie* et de *grands seigneurs*. Le goût des plaisirs et des jouissances que l'on ne trouve que dans son sein, achevera d'éteindre ce ferment contre-révolutionnaire que l'étranger voudroit alimenter. Il a beaucoup perdu de son or, et le Parisien sent qu'il seroit si facile au gouvernement de renouveller un 18 Fructidor, qu'il ne se mettra point dans le cas d'en faire l'expérience. Il s'est montré ce jour-là, le gouvernement, avec l'appareil de la puissance; et chacun a dit: Le voilà, il ne nous est plus permis de ne pas le reconnoître; le voilà, le gouvernement; respectons-le!

Tout ce qui paroît hazardeux et qui ne l'est pourtant pas, est presque toujours sage: c'est qu'il n'y a rien dans le monde qui n'ait son moment décisif; et le chef-d'oeuvre de la prudence est de connoître et de prendre ce moment. La prudence même nous ordonne alors de ne consulter que la fortune. Les plus grands dangers qui pourroient s'offrir, ont leur charme, pour peu qu'on aperçoive un immense avantage dans la perspective du succès;

mais de médiocres dangers n'ont que des horreurs; quand le combat ne vaut pas la peine d'être entrepris.

Les grandes affaires politiques ont un point de maturité qu'il faut attendre, et qu'il est dangereux de prévenir; mais lorsque ce point de maturité se fait sentir, qui considère les suites avec trop de scrupule, n'est pas fait pour le gouvernement.

Votre plus dangereux ennemi dans ces importantes crises, est souvent celui dont l'alliance vous seroit le plus utile. Quelle habileté ne faut-il pas alors, pour savoir vaincre et se passer de lui?

Ne point faire à l'ennemi de plus grand mal que celui qu'il paroît craindre; réussir autant par les fautes d'un parti opposé, que par la sagesse d'un autre: c'est véritablement gouverner; c'est faire en politique les ouvrages merveilleux de ces machines de physique que le peuple croit être le fruit d'un travail compliqué, et qui ne sont que le produit d'un mécanisme ingénieux, mais très-simple.

Il s'est montré, le gouvernement; et à la physiognomie la plus terrible, il a fait succéder un visage doux et clément; il a concilié l'admiration et les suffrages. Voulez-vous mettre une force de plus de votre côté? mettez-y la modération et l'humanité, c'est ce qui touche tous les hommes; car les punitions sont faites pour améliorer et non pour détruire: ce qui dans un autre tems seroit rigueur, ne paroît plus que justice.

Il s'est montré, le gouvernement, après tant d'années d'anarchie; et le sage et le politique, et le foible et l'ignorant, et l'ami de son pays et l'ami de ses plaisirs, et tout ce qui chérit la gloire ou le repos, répétera avec joie dans le fond de son coeur : Il y a un gouvernement; et pour me servir d'une formule commune : *C'est ce qu'il falloit démontrer à l'Angleterre et même à la France.*

Celui-là seroit bien pénétrant qui verroit les véritables causes des révolutions. C'est tout simplement la maturité des choses et des événemens. On y fait entrer beaucoup d'élémens moraux et raisonnés; mais c'est une action purement physique qui détermine toujours la crise.

Notre République, agitée, tourmentée, déchirée dans son origine par des tyrannies triumvirales, décemvirales, dictatoriales, est bien robuste, puisqu'elle a résisté à tous les efforts de l'anarchie. Je ne crains plus pour elle que les *infiniment petits*, j'entends cette multitude de petites autorités, qui, trop multipliées, transforment les réglemens en lois augustes, et de simples bureaux de prévoyance en des chambres inquisitoriales. La République est environnée de trop de vers rongeurs; et sous prétexte d'affermir l'ordre public, l'individu libre est piqué par un trop grand nombre d'insectes. Des lois grandes, majestueuses, et peu de réglemens, qui deviennent des lois aussi désastreuses que les premières sont utiles!

Au reste le mot *liberté*, fortement prononcé et voulu, a toujours fait le peuple libre. Il ne tient qu'aux Français, et sur-tout au

Parisien de vouloir formellement l'indépendance et la prospérité. Qu'il fasse pour la liberté, ce qu'il a tenté de faire pour la contre-révolution; qu'il n'écoute pas la voix de celui qui se dit *l'ami du peuple*, mais de celui qui l'est en effet.

Il seroit difficile de déterminer aujourd'hui quelle est l'opinion dominante. L'opinion individuelle a son opiniâtreté propre. Il n'y a plus d'opinion publique, vu les déchiremens de la société; mais l'opinion la moins nombreuse, celle des gens sensés qui reconnoissent la nécessité d'un gouvernement fort, peu à peu devient la dominante. On est trop long-tems parvenu à empêcher les hommes de s'entendre, en changeant la signification des mots. Le Parisien craint l'abus des mots, et il laisse aller les choses. D'ailleurs presque toute moralité étant attaquée, on attend que le système du législateur soit complet; et la peur de décheoir et d'être plus mal, aide à remonter vers le mieux. Dans une crise nouvelle, les bons citoyens seroient la proie des méchans; les sages seroient aux ordres des fous; les gens probes et éclairés seroient la dupe des fripons et des ignorans; on ne veut point repasser par de pareilles épreuves. On a vu dans la démocratie, la popularité bien menaçante pour la liberté publique. On craint la popularité et la démocratie, en ce qu'elles sont bien voisines de l'ochlocratie.

Comment certains hommes ont-ils pu penser qu'on remontoit le fleuve des événemens? Plus la chûte du trône avoit été éclatante, plus il étoit impossible de le relever. Le principal espoir des royalistes fut dans ces énergumènes qui, sans choix, sans prudence, sans mesure, précipitoient le char de la révolution, au lieu de le conduire; en écartoient les mains habiles, pour y substituer l'ivresse et la frénésie. C'est en prenant le titre de patriote par excellence, qu'ils parurent aux royalistes se rapprocher le plus de leurs vues secrètes.

Bientôt en effet ils se donnèrent la main; et ce n'est pas sans raison qu'on a dit : *que la cocarde blanche s'attachoit d'elle-même au bonnet rouge.* Voilà pourquoi tant de crimes furent commis au nom même de la révolution, et que tant de témoins restèrent impassibles.

Ainsi que la boue de Paris est une boue toute particulière à cause des parties hétérogènes qui s'y mêlent, la canaille d'une grande ville, qui n'y est point née, et qui abonde de toutes parts, est une canaille qui n'a point de nom. C'est sur elle que les factieux ont appuyé leurs projets; et Danton, le mauvais génie de la France, la fit fermenter; et depuis lui, les chefs de parti se sont servis de cette horde infernale d'où sortirent les Hébert, les Chaumette, les Ronsin, et les membres atroces de la rebelle commune de Paris. Ce fut cette populace qui environna constamment les échafauds, et qui, jamais lasse du spectacle, fatiguoit jusqu'aux auteurs de ces sanglantes tragédies. Elle fit l'horrible commentaire de cette phrase de Montaigne, et la mit dans une pleine évidence: „*La populace par tous les pays, déchiquette les cadavres, et s'en met jusqu'aux coudes.*“

Mais, dira-t-on, l'aristocratie n'a-t-elle pas eu ses Chouans, ses horribles Chouans? Oui, d'accord; mais les bourreaux que l'aristocratie achetoit, étoient les mêmes qui s'étoient déjà vendus aux Robespierristes. L'aristocratie n'a fondé ses fureurs décuples que sur cette populace, le fléau de tous les gouvernemens, et l'instrument féroce de tous les partis.

Les tems des révolutions produisent beaucoup d'actions fortes, et peu de grands hommes. La concurrence des talens empêcha leur éclat; et il n'y eut point de géant dans toutes ces grandes commotions politiques. Tout se fit au nom de tous; et ceux qui s'élevèrent un peu, furent tour à tour brisés dans le choc impétueux des événemens.

Des hommes ineptes avoient dit: *qu'en révolution il ne faut jamais regarder derrière soi.* Cette maxime est très-fausse. Les révolutions se conduisent et s'achèvent par ceux qui mesurent et comparent ce qui est fait, et ce qui reste à faire; et les vertus morales deviennent d'autant plus nécessaires qu'on en a perdu toute idée, et que les dénominations injurieuses, c'est-à-dire, les paroles dépourvues de sens, sont des arrêts de mort qui portent sur les citoyens les plus jaloux de la liberté et du bonheur de leur pays.

Ce sont toutes ces phrases insignifiantes, et même celles qui étoient le plus inintelligibles qui ont été le ciment des prisons et des échafauds. Les chefs de parti ont osé s'en servir avec un succès qui atteste que dans une nation éclairée, le plus grand nombre d'individus ne l'est pas encore, et que les calamités particulières deviennent un pur spectacle pour ceux qui n'en sont pas atteints dans le moment.

Sans doute pour peindre tant de contrastes, il faudroit un historien comme Tacite, ou un poëte comme Shakspeare.

S'il apparoissoit de mon vivant, ce Tacite, ce Shakspeare, je lui dirois : Fais ton idiôme; car tu as à peindre ce qui ne s'est jamais vu, l'homme touchant dans le même moment les extrêmes, les deux termes de la férocité et de la grandeur humaine. Si en traçant tant de scènes barbares, ton stile est féroce, il n'en sera que plus vrai, que plus pittoresque. secoue le joug de la syntaxe, s'il le faut, pour te faire mieux entendre: oblige-nous à te traduire: impose-nous, non le plaisir, mais la peine de te lire.

Je ne crois pas en effet que notre langue puisse marcher encore longtems sans sortir de la gêne où une timidité gratuite la captive au milieu de tant de spectacles nouveaux et non moins étonnans. Si le stile demeure esclave, ils ne seront point transmis à l'admiration ou à l'horreur de la postérité.

Eh quoi! l'ambitieuse tourbe démagogique, au milieu de la tempête révolutionnaire, ne s'est-elle pas créé un langage fait pour tromper et séduire la multitude? J'ai entendu crier à mon oreille: „Que les Français périssent, pourvu que la liberté triomphe!" J'en ai entendu un autre s'écrier dans une section, et je l'atteste: „Oui, je prendrois ma tête par les cheveux, je la couperois, et l'offrant au despote, je lui dirois: *Tyran, voici l'action d'un homme libre!*" Ce sublime de l'extravagance étoit composé pour les classes populacières; il a été entendu, il a réussi: et nous, nous ne ferions pas une langue, pour transmettre à nos derniers neveux ces incroyables phénomènes moraux et politiques, qui ont frappé d'une longue surprise et nos regards et notre entendement?

On a parlé bien diversement dans le monde, de mon *Tableau de Paris*. J'ai eu du plaisir à l'écrire; j'ai cherché la vérité en tout; voilà toute ma réponse. Qu'il me soit permis, puisque j'ai essuyé tant de critiques injustes, et que j'ai été en butte à tant de satires, pour avoir voulu faire un ouvrage agréable et utile, qu'il me soit permis d'opposer le jugement d'un écrivain qui a pris mon livre et ma personne en amitié, qui a été le traducteur de l'ouvrage, et le bon conseiller de l'auteur, et qui m'a témoigné ce zèle qui encourage l'écrivain et le console des injustices de ses contemporains. Voici la traduction du morceau allemand du Cit. Cramer *). Je n'effa-

*) Le passage ci-dessus se trouve dans un livre de Charles-Frédéric Cramer, intitulé: *Menschliches Leben etc.* Vol. III. p. 163. (ou: *Vie humaine etc.*) écrit en 1791 long-

cerai point les louanges, parce que ma carrière littéraire n'est pas finie, et que je les relirai pour m'élever jusqu'à elles.

„*Si Dalembert, quoique étranger, a été honoré en Allemagne, au milieu du bocage sacré de la reconnoissance et de*

---

tems avant que ce citoyen, alors professeur de littérature grecque et orientale à l'université de Kiel en Holstein, connût l'auteur du Tableau, ou qu'il devinât que la singularité de son étoile et son républicanisme le pourroient fixer un jour parmi nous à Paris. Plusieurs allusions de ce passage qu'il avoit fait précéder par les chapitres de mon *Tableau: Apologie des gens-de-lettres; Belles-Lettres; Trente écrivains en France, pas davantage*, se rapportent à des matières précédemment traitées dans son livre; ce que je trouve nécessaire de faire remarquer pour que l'on ne les regarde pas comme déplacées, ou étrangères au sujet.

l'amitié, d'un monument simple mais durable, pour l'écrit intitulé: SUR LES HOMMES-DE-LETTRES ET LES GRANDS, *j'ose dire que Mercier, par les chapitres que je viens de transcrire, en a bien mérité un pareil. Souhaitez-vous de connoître mon jugement à l'égard de son Tableau, différât-il même de celui de plusieurs d'entre vous? le voici (J'use du droit que me donnent ma qualité de membre de votre société, et le code de nos lois, sous l'article:* SUR LES MONUMENS. *Et se trouvât-il parmi nous des individus, qui, usant d'une justice rigoureuse, me condamnassent, ou dont la sentence vînt à démolir le monument érigé par ma main: eh bien! il faudroit m'y soumettre; mais sachez que j'en pleurerois à chaudes larmes):*

„*S'il arrivoit que dans cet âge d'or que nous voyons en songe, les sciences et les arts devinssent plus chers aux rois que le sang; et que par hazard l'Alceste mourante leur donnât plus de joie dans la tristesse, qu'aujourd'hui l'illumination enchanteresse d'une flotte qu'on fait sauter en l'air, ne nous accorde de douleur dans leur joie;*

„Si à cette glorieuse et lointaine époque, un roi des deux Siciles, convoitant de nouveaux sujets d'opéra pour le théâtre de St.-Carlo à Naples, tirés des opéras perdus de Sophocle, ou du poëte Accius, tombât sur l'idée d'employer quelques millions de sequins de ces sommes énormes que coûte dans ses états la chasse au cerf, et dans d'autres celle des hommes, pour creuser ce trésor de littérature ancienne qui dort dans les rouleaux collés de vieux parchemins, qui forment la bibliothèque non encore examinée d'Herculanum et de Portici;

„(Supposé toutefois qu'alors ces rouleaux existassent encore, ne fussent point dévorés par l'infatigable dent du tems; et que leur déploiement inventé par Mazochi, ne fût point un art perdu.)

déchiffreroient le manuscrit; tous les Heyne et les Bentleys en feroient le commentaire; nos Vofs *) *l'expliqueroient avec l'exactitude opiniâtre d'une érudition allemande; et, traducteurs versés non-seulement dans la langue de l'auteur mais dans la leur propre encore, ils le traduiroient. Les Didot, les Unger, les Baskerville l'imprimeroient, les Strange, les Wille, l'enrichiroient de figures en taille-douce et de culs-de-lampe. On trouveroit des abonnés sans nombre; et dans tous les pays vous en verriez naître des éditions de toute forme, imprimées, non pas sur papier noir, gâté*

---

*) Célèbre poëte allemand, traducteur (en Hexamètres,) de l'Iliade, de l'Odyssée; des Bucoliques, des Géorgiques, de l'Enéide de Virgile; des Métamorphoses d'Ovide, des Idylles de Moschus, Bion et Théocrite etc. Les compatriotes le placent parmi les premiers critiques et littérateurs qu'a produits ce pays fertile en Hellénistes.

et commun, mais sur du raisin, vélin et Jesus. Ces éditions seroient publiées avec une pompe qu'égaleroient à peine celle du catalogue d'Oxford, le nouveau testament cophte de Woide et la description de la Turquie par d'Ohsson. Bref, vous entendriez retentir dans les quatre coins de l'Europe un tel cri d'admiration, de joie et de surprise, que peut-être pour quelque tems les savans en oublieroient l'Iliade sanglante du chantre de l'Ionie, et son Odyssée qui fourmille de tant d'erreurs en fait de géographie.....

„*Mais aujourd'hui que nous sommes possesseurs de ce livre, que l'Auteur est vivant, qu'on peut le voir, tandis que Théophraste est mort, ce livre ayant le malheur de n'être pas ancien, le petit-maître en littérature, le folliculaire, le fat, l'important qui ne savent pas le lire, prendront un ton puérilement dédaigneux; et le dénigrement dans leur bouche, leur tenant lieu de tout examen, ils etc. etc.*"

Mille témoignages de reconnoissance au Citoyen Cramer!

Maïs tandis que j'écrivois, et que l'on imprimoit, le tableau changeoit déjà de face; le luxe sortoit plus brillant que jamais de ses décombres fumantes. La culture des beaux-arts reprenoit tout son lustre, et les lettres, quoiqu'on en dise, n'ont souffert qu'une éclipse passagère. Les spectacles ont repris leur pompe, et les modes sont encore ce qu'on idolâtre le plus.

De toutes les parties du corps social on a vu paroître de nouveaux opulens, et avec eux l'or et les richesses: de sorte qu'au premier coup-d'oeil on diroit que les grands maux ont été réparés; mais ils ne le sont pas.

Comme Paris est une ville essentiellement commerçante, essentiellement industrieuse, essentiellement aubergiste, on diroit que pour elle le malheur qui n'est plus, n'a jamais existé.

Une brillante superficie déguise les plaintes et voile les murmures. Le luxe est comme une liqueur spiritueuse qui enivre les esprits; et je ne sais quelle mobilité dans les opinions fait que l'on s'attache à une sorte d'Epicurisme qui laisse aller les choses en ne se souciant plus que du moment actuel.

Le moment présent fait donc déjà un étonnant et parfait contraste avec celui de la servitude, de la terreur, du déchirement des familles, du sang et des pleurs.

Si tous les événemens désastreux ne sont pas oubliés au milieu de nos fêtes et de nos plaisirs, ils sont couverts d'un rideau ou que l'on craint de soulever, ou que l'on soulève rarement.

Puisse le *Nouveau Paris* jouir du même succès que l'ancien *Tableau de Paris!* mais les touches, hélas! sont bien différentes, vu que le modèle et le peintre ont été frappés par le tems et les circonstances les plus orageuses.

Malgré leur influence funeste et sur l'auteur, et sur son livre, il y a un sentiment qui le console, qui le dédommagera des critiques injustes qu'il a essuyées, et qu'il essuyera peut-être encore, et qui promet à ses écrits non l'immortalité qu'il n'ambitionne pas, mais l'estime des gens de bien qu'il ambitionne beaucoup: c'est le sentiment d'avoir été depuis le premier instant de sa carrière littéraire, le hérault, l'ami et le collaborateur de la grande régénération entreprise pour la félicité publique, qui déjà se voit réalisée en France, en Hollande, en Suisse, en Italie, en Egypte; et d'avoir été en même tems l'adversaire de ceux qui l'ont criminalisée à leur profit et par un sordide intérêt. Non, les travaux, le courage, la constance des Français, leurs calamités ne seront point en pure perte. La postérité sera heureuse de nos souffrances. C'est ce sentiment qui depuis la première ligne de son *rêve, s'il en fut jamais*, jusqu'à la dernière ligne de son *Nouveau Paris*, a soutenu, a encouragé, fortifié l'auteur, et qui ne lui a pas fait abandonner la plume, jusques dans la nuit des cachòts; qui enfin vient de lui dicter une épitaphe qu'il grave d'avance sur son tombeau, et qu'il souhaite devenir applicable à tous ses contemporains :

Hommes de tous pays, enviez mon destin :
Né sujet, je suis mort libre et républicain !

10 Frimaire. An VII.

LE

NOUVEAU PARIS.

CHAPITRE I.

Vues préliminaires.

Je ne marche plus dans Paris que sur ce qu'il me rappelle ce qui n'est plus. Bien m'apris de faire mon tableau en douze volumes. Car s'il n'étoit pas fait, le modèle est tellement effacé qu'il ressemble au portrait décoloré d'un aïeul mort à l'hôpital et relégué dans un galetas. Personne ne s'étoit avisé avant moi de faire le tableau d'une cité immense, et de peindre ses mœurs et ses usages dans le plus petit détail; mais quel changement!

Un poëte grec a dit il y a deux mille ans:

Quand le discord règne dans la cité
Le plus méchant tient lieu d'autorité:

quand ce n'est pas le plus méchant, hélas c'est le plus sot. Trente à quarante scélérats encore plus ineptes que barbares, sont venus décomposer tout ce que le génie et le courage avoient formé de grand et de solemnel. Ces trente à quarante scélérats sont les chefs montagnards. C'est ce que je démontrerai dans la suite de cet écrit. La justice divine et humaine les a châtiés et punis les uns par les autres, mais il ne faut pas que leurs abominables maximes soient confondues avec celles de la révolution. Car pour peu que l'on ne distingue plus les époques, les tems et les lieux, on ne tarde pas à confondre les personnages; et voilà pourquoi il sera peut-être impossible de bien connoître et de bien juger cette mémorable révolution qui a eu tant de faces diverses.

On pourroit dire du nouveau Paris ce que Strabon disoit de la Grèce: c'est dans tous ses points un pays extraordinaire et tragique.

Comment peindre tant de faits et d'événemens? Je dirai ce que j'ai vu. Porté sur tous les flots orageux, n'ayant pas perdu un coup de vent, mon œil a distingué dans la tempête quelques accidens particuliers. Non, tous les vents rugissans, déchaînés sous le sceptre d'Æole, luttants entre eux et bouleversants les lieux qu'ils parcourent, ne sont qu'une image imparfaite et infidelle de ces combats des passions humaines où les philosophes ont été vaincus et terrassés, tandisque tout ce qu'il y avoit de plus vil et de plus méprisable en fait de stile et de raisonnement a dicté des lois impures à cette tourbe, à cette populace de la nation, qui les a prises pour des arrêts célestes.

Cahos épouvantable formé par les écrivains de la révolution, masse énorme de feuilles périodiques, de brochures et de livres, dépôt obscur et volumineux de discours contradictoires, débordement d'invectives et de sarcasmes, amas confus où la calomnie s'est noyée elle-même, dossier effroyable du plus opiniâtre et du plus sanglant des procès, cesse d'accabler mes esprits, tu ferois reculer jusqu'à un

Tacite. Je ne veux point t'ouvrir, je ne veux point te consulter; je ne veux plus rien lire, je n'en crois que moi; eh! que pourroit-il sortir de cette cuve où bouillonnent encore les vagues écumeuses?

Tous, les jouets ou les victimes des opinions qui passoient sur nos têtes; est-ce à nous d'instruire la génération présente, et de travailler pour la génération future? Il viendra, l'historien qui avec de nouveaux documens, ayant pleine connoissance des actes hostiles et perfides des cabinets étrangers, dira jusqu'à quel point tous les scélérats, et même les hommes de bien, ont été des marionnettes, des pantins obéissans, et qui ne soupçonnoient pas le fil qui les faisoit mouvoir. L'infernale politique des rois coalisés a mis tant d'art dans ses suggestions, a sçu mettre tellement à profit les idées et les passions de chaque homme, que les plus purs et les plus probes ont cherché long-tems, où étoient la vérité et la justice, et qu'à travers les déguisemens du mensonge, ils se sont trouvés entourés d'illusions éternelles.

Dans les révolutions on apprend à connoître les hommes en six mois, mieux qu'on ne feroit en vingt ans dans le cours ordinaire des choses. C'est alors que tous les grands et petits intérêts qu'on cachoit avec tant de soin, se montrent bien à découvert. C'est là surtout que chacun se place sans maître de cérémonie, et qu'on voit bien sa juste mesure, même à travers les calomnies et les libelles dont on s'efforce de le noircir, à mesure qu'il s'élève sur son voisin; mais ce n'est pas si aisé de former le jugement sur les effervescences populaires, elles peuvent naître d'elles-mêmes aussi bien qu'être suscitées par les différens partis.

Paris est une ville unique ou l'on trouve ce qu'on veut, en fait de personnages de toute espèce et de toute couleur. En moins de vingt-quatre heures un familier de l'ancienne police vous ramassera trois-cents hommes qu'il distribuera autour d'un édifice, et qu'il fera vociférer sur tel ou tel ton. On sait que dans le temps de la Fronde le cardinal de Retz et les autres chefs se faisoient tirer des coups de carabine sur leur voiture, afin d'avoir un prétexte pour animer les gens de leur parti contre la Reine et le Cardinal. De même, la cour voulant savoir si elle pouvoit compter sur le régiment des gardes françaises, fit piller la manufacture de Réveillon, afin d'avoir un prétexte plausible pour faire entrer des troupes. Le régiment des gardes fit feu sur les pillards et les massacra; ce fut comme la répétition de la sanglante tragédie que l'on devoit jouer quelques jours après: mais la cour tomba dans ses propres piéges. Ce sang versé fit faire des réflexions aux soldats; ils furent instruits, caressés, débauchés; ils eurent horreur de ce qu'ils avoient fait, et frémirent à l'idée de tuer leurs concitoyens. Un d'eux qu'on vouloit détacher du parti de la cour, écoutoit silencieusement, plongé dans la plus profonde réflexion; on lui demanda de se décider, il répondit: Pas encore; je consulte l'ombre du colonel Biron.

Le fougueux Charles IX tiroit lui-même sur les malheureux qui fuyoient. Pendant ces jours de sang il se promenoit dans la ville accompagné de sa cour; il admiroit les traces du massacre, imprimées sur toutes les murailles; il alla aux fourches patibulaires voir le corps de l'Amiral. Dieux puissans! au pouvoir de quel prince vous soumettez quelquefois les plus grands empires! Les frères de Louis XVI avoient fait le tour de la capitale pour bien voir le plan du siége, par où entreroient les troupes, et se frottoient les mains de joie. Les perfides! s'ils avoient pu établir une disette universelle d'argent et de subsistance, ils l'eussent fait avec allégresse; mais ce fut leur plan homicide, cette grande conspiration chaque jour renforcée, qui donna à la commune de Paris ce mouvement irrésistible qui a décidé la révolution.

Rien de plus réel, de mieux prouvé, de plus constant que la conspiration de la cour, et à compter de ce jour il ne peut y avoir de paix entre des Royalistes et des Républicains; et quand le nombre des Républicains seroit plus circonscrit que jamais, les Républicains n'en seront pas moins vainqueurs.

....

CHAPITRE II.

Explosion.

C'est Paris qui a fait la révolution, et c'est Paris qui l'a gâtée; je dois l'envisager sous ce double rapport.

De toutes les révolutions, la nôtre fut la plus juste, la plus légitime, la plus impérieusement commandée par toutes les circonstances. Il falloit tuer la cour de Versailles, pour qu'elle ne nous tuât point.

La révolution s'est faite parce qu'elle devoit se faire, parce que la capitale étoit menacée par les satellites de la cour. L'immense population de la grande cité a réagi, et bien à temps; ce fut le coup de queue de la baleine qui renverse l'esquif du harponeur.

Paris alloit être livré à toutes les horreurs d'une ville prise d'assaut; tout étoit trahison, perfidie du côté de la cour. On n'avoit voulu les états-généraux que pour rétablir les finances, payer les dettes qu'elle avoit occasionées, et recommencer le lendemain sur de nouveaux frais. On s'étoit servi de Necker; et celui-ci, quoique placé bien près du mouvement, n'en pressentit point l'explosion. C'est qu'elle n'auroit pas eu lieu, si la cour n'eût pas médité et préparé les projets les plus sanguinaires et les plus féroces. La détermination prise le onze juillet nous sauva, la cour n'avoit pas sçu calculer que tous les argentiers et les créanciers du royaume n'avoient confiance qu'au ministre Necker, qui mit en parallèle avec Calonne le déprédateur, jouissoit d'une grande estime. Les capitalistes tremblèrent pour leurs coffres, la rue Vivienne paya une partie du régiment des gardes françaises. La peur qui étoit bien fondée se propagea, tout s'arma en un instant parce que chacun trembloit; les troupes de la cour qui devoient tout exterminer, furent lentes à entrer. Le prince Lambesc avoit daigné avertir la veille les Parisiens, en donnant aux Tuileries un coup de sabre à un vieillard, qu'on alloit leur distribuer des milliers de coups de sabre. Ce bon patriote mérite toute notre reconnoissance. Un boulet de canon coupa à propos la chaîne qui retenoit en l'air le pont levé de la bastille. C'est ce boulet de canon qui renversa le monarque et la monarchie. Je ris de pitié quand je vois une multitude d'écrivains vouloir assigner les causes de la révolution, en chercher les auteurs et ignorer qu'en politique c'est un jour qui en enfante un autre, que chaque jour est, ou peut être, une révolution nouvelle, ainsi que dans un tremblement de terre chaque commotion a une direction particulière, horizontale, verticale, diagonale, souvent opposée. Un combat étoit engagé entre la cour et le peuple de Paris, mais de là à ce qui en est résulté, il y a eu une série d'événemens qui tous font pour ainsi dire de chacun d'eux une révolution particulière.

La manie de parler, la rage d'écrire ont enfanté une foule de pamphlets, où Marat et Robespierre, quoique décidés révolutionnaires, ne se ressemblent pas plus que Mallet-Dupan et Rivarol dans leurs idées contre-révolutionnaires.

Le papier se laisse écrire. On pourroit croire un jour que tout ce qui a été écrit, n'est qu'un roman sépulcral, mais la mobilité, la singularité, le terrible, et le comique des évenemens, tout prouve qu'ils sont nés les uns des autres, qu'ils n'ont point eu la même origine, la même boussole, la même direction, qu'ils ont été imprévus, subits, qu'ils ont étonné l'observateur le plus fin, le plus exercé. Le ferment qui fit lever cette pâte immense, est d'une espèce encore inconnue; les lamentations éternelles de l'un prouvent qu'il n'a connu ni la veille ni le lendemain, et les déclamations de l'autre annoncent son ignorance en ce qu'il n'a jamais vu les engrenures.

Il est donc impossible de déterminer les causes de ce phénomène politique. Ce grand volcan auroit pu dormir encore long-temps, il s'est embrasé, il s'est éteint, il s'est rallumé. Les écrivains ont voulu que les laves coulassent d'un côté plutôt que d'un autre; ces laves ont emporté le journaliste et sa plume.

Sans doute le parti étranger a joué un très grand rôle parmi nous. Le ministère britannique n'a pas voulu qu'on reprochât aux seuls Anglais d'avoir coupé la tête à leur roi. Après avoir fait signer à ce monarque inepte et fallacieux le traité de Pilnitz, le ministère britannique a voulu que la mort de Louis XVI fût le signal du déchirement et du démembrement de la France continentale et de ses colonies. Il en fut tout autrement. Ce fut l'échafaud dressé qui écarta à jamais le trône et qui rendit tous les Français comme solidaires de la sentence qui avoit été prononcée; audace, justice ou cruauté, la nation entière fut liée dès cet instant à une république. Ce fut la haine, l'animosité du cabinet britannique; ce fut l'accueil qu'il accorda à tous les rebelles et aux traitres déchaînés contre leur patrie; ce furent les guinées, qui en alimentant successivement toutes les factions, leur donnèrent cette force et cette énergie qui finirent par aboutir à un seul point, la destruction de toutes les formes monarchiques, le renversement de ce qui avoit été.

C'est en voulant détruire sans ressource le crédit et la dernière espérance des républicains, que Pitt a ébranlé la banque anglaise; son or est chez nous.

Pitt a ouvert la bouche d'un Mallet du Pan et d'un Rivarol, il en est sorti les imputations les plus absurdes, les calomnies les plus risiblement audacieuses, les raisonnemens les plus faux et les plus contradictoires. Ce genre d'exterminations a fait douter si Pitt étoit un homme à nement Brissot, et a fait dépasser à la république ses anciennes frontières.

La révolution auroit pu s'arrêter le 18 Juillet, après que Louis XVI eût pris et baisé la cocarde nationale sur le balcon de l'hôtel de ville; mais Pitt et ses complices avoient besoin de toutes les horreurs délirantes dont la france a été le théâtre. Il fit recommencer la révolution; il paya tous les hommes pervers qui tenoient le sabre ou la plume; il envoya de tous côtés ses émissaires; il commanda à Paris la journée du 10 Mars, du 31 May, du 3 — 8bre 1793. Cette dernière sur-tout lui fut chère en ce qu'elle décidoit la perte des plus zélés et des plus purs républicains, des Girondins; en ce qu'elle menaçoit la tête de 73 représentans du peuple vraiment courageux, qui denonçoient au département les erreurs de leurs collégues et les trames impies de l'étranger. Pitt se rejouissoit de voir la convention caresser ses complices, et punir ses ennemis.

Il jeta des monceaux de bitume dans le foyer brulant, fit encore les soulèvemens successifs de Germinal et Prairial an 3, et n'ayant que des demi-succès, il tena l'audacieuse et désespérée conspiration de Vendemiaire: mais le canon tua ce jour-là les royalistes; peu lui importoit pourvû que le sang français coulât.

Après avoir abusé les rois de l'Europe, et trompé les émigrés, il osa envoyer au corps législatif ces rebelles, ces hommes sans pudeur, ces royalistes déhontés qui obligèrent la main du gouvernement à trancher subitement dans le vif dans les deux conseils et jusques dans le sein même du Directoire.

Immortelle journée du 18 fructidor! c'est ta clémence qui a montré ton pouvoir, et tu devrois être le dernier jour de la révolution.

Mais non! la cour de Vienne perpétuellement trompée menace encore la république, et ajoute foi à la possibilité d'un horrible bouleversement. Il falloït bien compter sur l'aveuglement de l'Europe, sur son ignorance quant à ses véritables intérèts.

Tous ces efforts contre la france mettent à nud la foiblesse d'un gouvernement ennemi. Il se trouve isolé; ce n'est plus qu'une puissance du 5e ordre; sa position géographique a surpris une sorte d'admiration, qui va cesser. Les infidèles ministres d'un peuple qu'on a rendu insolent, et qu'on a élevé dans l'arrogance, entendent de loin le bruit de cette tempête que l'indignation a soulevée contre eux. Voici le terme de leur charlatanisme, voici le moment où le pied du français débarquant sur leurs côtes va ordonner l'abaissement de leur usurpation et rendre à toute société politique ses droits violés. En châtiant ces insulaires, le repos du monde est assuré, et la liberté visitera des peuples nés pour elle.

CHAPITRE III.

Erreur Capitale.

Notre ancien gouvernement étoit despotique, avilissant : nous l'avons renversé dans l'accès d'un généreux enthousiasme ; mais nous avons confondu ce qu'il falloit détruire avec ce qu'il eût fallu conserver, ce qui tenoit au despotisme avec ce qui pouvoit s'allier à toutes les formes de gouvernement : on a voulu faire de nous des hommes entièrement nouveaux, et l'on n'en a presque fait que des sauvages. À force de créer et de détruire, de s'écarter des idées reçues, on n'a plus sçu sur quelles bases se fixer. Pour proscrire la superstition, on anéantit tout sentiment religieux ; ce n'étoit point là régénérer la terre : au milieu de ce désordre, de cette anarchie morale tâchons de saisir un fil qui puisse nous guider. Le but de ces terribles innovateurs étoit de substituer l'amour de la patrie à tout le reste. Sans doute l'amour de la patrie doit être la bâse des vertus républicaines, mais pour aimer sa patrie, il faut y trouver le bonheur. Cet amour de la patrie, qui doit enflammer le républicain, ce n'est pas seulement cet instinct qui attache l'homme au sol qui l'a vu naître, qui lui rend cher l'arbre qui abritoit la cabanne où fut placé son berceau. Le républicain embrasse dans ses affections tous les hommes qui l'environnent: tous ses concitoyens lui sont chers; il leur est lié par une espèce de consanguinité patriotique.

En conscience, nous ne pouvions, dans ce renouvellement de choses, embrasser et chérir la noblesse française; c'étoit en quelque sorte des castes orgueilleuses comme les bonzes, les gymnosophistes de l'Inde, plus occupées à différer du vulgaire qu'à lui être utiles. La noblesse dut voir que le monde est condamné à de perpétuelles convulsions. Les empires s'écroulent, les peuples disparoissent. Des barbares sortent des forêts, subjuguent les nations amolies par le luxe, les arts, et la jouissance: les erreurs des folies, des violences composent dans tous les siècles et dans tous les pays l'histoire de l'espèce humaine. À entendre tous les cris douloureux jetés contre la révolution, on eût dit que le Parisien n'avoit jamais lu l'histoire, ou qu'il s'étoit cru un être privilégié à jamais exempt de ces calamités anciennes qui ne devoient plus figurer que sur des pages muettes; c'est ainsi qu'on lit des livres de médecine en pleine santé, et que l'on s'étonne, qu'on s'afflige, qu'on gémit de la maladie qui vient nous frapper, comme si elle ne devoit appartenir qu'aux autres. L'enfant qui bat la table contre laquelle il s'est blessé n'est qu'une foible image de la déraison parisienne accusant toute la nature, tous les hommes, tous les événemens des maux politiques dont sa ville fut le centre. Le Parisien n'avoit pu imaginer ce qui étoit arrivé; il crut que c'étoit un fléau unique, uniquement créé, arrangé, préparé contre lui, et le langage de sa douleur donna dans de tels excès, qu'il en devint plaisant et comique, car c'étoit un mélange incroyable, et tout ce que l'esprit et la sottise pouvoient rassembler de plus neuf.

On se mit à dépouiller l'histoire ancienne et moderne; et tout ce qui pouvoit avoir trait aux événemens du jour fut saisi comme prédiction, prophétie. Tous les livres qui portoient pour titre *Révolution* furent achetés, enlevés; des éditions qui pourrissoient dans les magazins du libraire virent le jour, et l'on n'entendoit plus que des voix qui demandoient à tous les bouquinistes: donnez-moi l'histoire d'une révolution!

Ainsi l'on peut savoir quelle sera la destinée de tel livre, lorsqu'après avoir été oublié et dédaigné pendant plus de cent cinquante ans il vient à être lu, recherché, et à obtenir les honneurs de la reliûre dans une bibliothèque. Aux ventes, l'on entendoit toutes ces paroles: à moi les révolutions romaines, celles d'Italie, de Suède: des libraires pour vendre des bouquins firent de faux titres, et sur la simple étiquette on donnoit son argent. Toutes ces lectures ne firent ni du noble, ni du roturier un être patient; ils prétendirent qu'ils auroient dû être inaccessibles à ces coups du sort, et ils chargèrent d'imprécations tout ce qui n'avoit pas sçu prévoir ou empêcher la chûte de leurs privilèges. L'abbé Maury, leur avocat, et qui par son imprudente et excessive confiance en un vain ramage de paroles leur avoit fait plus de mal que de bien, fut enveloppé dans la disgrace de leur réprobation; ils ne s'intéressèrent ni à lui, ni à son frère lorsqu'il périt sur un échaffaud. Tout ce que le genre déclamateur a de singulier, de curieux, tant en véhémence qu'en extravagance, passa dans les conversations et dans les brochures, et produisit une cataracte bruyante de phrases inutiles. Le stile de Mallet Dupan fit tapage avec celui de Durosoi *) et de Barruel Beauvert, et tout ce son enflé, continu, monotone, tomba dans les abîmes de l'oubli et de la dérision.

C'est pour avoir mis presque tous les personnages de la révolution sur la même ligne; c'est pour n'avoir point sçu distinguer Condorcet de Marat, et Brissot de Robespierre, que le journalisme effronté a recueilli tout le mépris qu'il méritoit; c'est en niant la vertu des représentans fidèles, qu'on a enhardi le montagnard féroce et cet être au-dessous même du

---

*) Guillotiné au 25 août; il dit que le plus beau jour d'un royaliste étoit de mourir le jour de la fête de St. Louis.

médiocre tant du côté des talens et des moyens que du côté des vertus patriotiques et des qualités personnelles, cet homme sans couleur et sans phisionomie, ce nain appellé Robespierre qui aveugloit les gueux et les sans-culottes. Les invectives grossières versées sur le parti de la Gironde, cet acharnement contre des hommes irréprochables, ces dénominations absurdes, *d'hommes du marais changés en crapauds*, ont fait les Collot d'Herbois, les Carrier, les Lebon et autres de cette espèce; les ennemis de la révolution crurent tout gagner en chargeant d'injures les Brissottins, les Girondins, les Rolandins; ce sont eux qui ont dressé les échaffauds, parce que la convention nationale opprimée et avilie pendant deux années entières à la suite d'une démarche plus imprudente encore qu'insolente, n'a pu resaisir sa considération qu'après avoir été horriblement mutilée. Le Parisien a payé cher le mépris qu'il osa manifester contre des hommes intègres et vertueux : la nation entière fut trompée par lui, par tous ces pamphlets infames qu'il accueilloit, et qu'il répandoit. Le parti de la Montagne, qui étoit loin alors de subjuguer toute la france et de la tromper, prit un ascendant parce que l'erreur la plus déplorable avoit outragé tous les représentans qui avoient des lumières, de la raison et de la philosophie. Si le peuple avoit eu le bon esprit de reconnoître les députés qui joignoient la fermeté à la prudence, et le courage à la sagesse, qui, pénétrés de leur devoir sacré, s'étoient réunis pour abattre la double faction, il n'auroit pas ouvert une voie large aux anarchistes, aux terroristes, aux buveurs de sang : il n'auroit pas été puni de sa longue et inconcevable méprise. Mais falloit-il marcher contre la Convention nationale ? Il étoit toujours tout prêt. Qui le croiroit ? A la suite de tous ces écrits virulens, qui ôtoient à chaque représentant du peuple ou son mérite ou sa vertu, c'étoit alors la mode de *courir sus* aux députés, de les menacer. Je puis attester qu'on regardoit comme un jeu l'assassinat d'un représentant, que la langue ou la plume les perçoit incessamment, et que, dans aucun temps et chez aucun peuple, l'opinion ne fut plus erronée, plus malheureuse, plus destructive de ce lien qui devoit unir la représentation nationale à la cité qu'elle habitoit. Voilà l'origine de tout le sang versé: à force d'injurier tout ce qui étoit probe, honnête et courageux, nul n'eut plus de droit à l'estime publique: le plus vertueux devint le plus foible, et les scélérats et les voleurs s'emparèrent de l'autorité. Tu le voulus, Parisien, tu le voulus; relis ta nomination, et juge-toi toi-même.

Chapitre IV.

Avilissement du Monarque.

On peut dire qu'en 1783 il y avoit cinq à six rois en france. La reine étoit un roi, le gros Monsieur étoit un roi, tous se disputoient l'autorité du roi dans la nomination aux charges, aux places, aux emplois, aux bénéfices, aux traitemens. Tous ces gens-là s'embarrassoient fort peu du roi et de la royauté. On pouvoit en juger par leur conduite et leurs procédés et sur-tout par leurs propos. Je puis attester que Louis XVI étoit l'objet éternel de leurs railleries et de leur mépris. Les sarcasmes, le mensonge, et la calomnie sont des traits qu'ils manioient avec une adresse qui leur étoit particulière; et certainement ils ont pu se vanter que sous aucun règne on ne porta jamais le talent de l'épigramme contre la personne du prince à un plus haut degré de perfection.

Lorsqu'elle eût bien avili l'idole, cette poignée de ci-devant privilégiés bien sots, bien frippons, et bien arrogans pour la plupart s'imagina ou voulut faire croire que toutes les puissances de l'Europe devoient s'armer pour défendre leurs places, leurs charges, leurs bénéfices, leurs traitemens et toutes leurs belles gratifications. Ils furent ébahis de ce que la france ne vouloit plus être leur dupe.

Le gros Monsieur s'étoit mis à la tête d'une bande qui portoit je ne sçais plus quel cordon; et tout ce qui n'étoit pas de cette bande, devoit être regardé comme les plus vils faquins de l'univers.

Cette haute noblesse méprisoit ouvertement le roi, et songeoit à ressusciter l'antique gouvernement féodal. Louis XVI en fut averti, et c'est ce qui le fit pencher vers le parti populaire, et ce qui le détermina à la convocation des états généraux. Nous fûmes alors tellement enchêvetrés, qu'amis et ennemis de la révolution, chacun se trouva dans l'impuissance de reculer d'un pas sans le plus grand danger.

Tous ces importans privilégiés avoient leur empire à part; ils furent depuis appellés aristocrates, et par-tout ils étoient en guerre ouverte et contre le peuple et contre le souverain dont il se moquoient, qu'ils tourmentoient, qu'ils remontroient et qu'ils menaçoient même, quand tout n'alloit pas à leur fantaisie. Ils avoient même projeté d'enlever le roi et de le faire prisonnier; et ils se tuèrent de dire qu'il étoit prisonnier. Enfin lorsque les décrets de l'Assemblée nationale rendirent le roi seul puissant, ils publièrent dans leur libelle qu'on avoit détruit et avili son autorité. Ces aristocrates sans pudeur n'eurent jamais d'autre roi, ni d'autre patrie, que leur intérêt, leur orgueil, et leur vanité.

La grande faute de l'Assemblée nationale fut d'avoir voulu concilier des choses inconciliables. La couronne et la charrue gagnoient le plus à la constitution française. Les aristocrates dans leur fureur s'en prirent à toutes les couronnes, et voulurent les rendre responsables de l'insurrection générale de la france; tandis qu'il est notoire qu'elle n'a jamais été contre le roi personnellement.

Les ennemis de la révolution ne se plaignoient de l'indiscipline des troupes de ligne, que parce qu'ils n'étoient pas venus à bout de les employer à leurs desseins, et de faire éclater la guerre civile d'un bout du royaume à l'autre.

CHAPITRE V.

Le Cardinal de Lomenie.

Cet archevêque qu'on annonçoit comme une sorte de libérateur, vint s'emparer de la scène. Pour prix de ses promesses magnifiques il fallut le décorer du titre de principal ministre. Tout son ministère fut employé à ruiner sa réputation, et à revêtir son inutilité de toutes les plus grosses abbayes qu'il put attraper.

Il avoit voulu ajuster l'impôt du timbre à son plan; mais n'ayant point sçu gagner le parlement qui refusa d'enregistrer, il déploya toutes les ressources de son génie en faisant assiéger le palais par les gardes françaises et par les gardes suisses. On enleva par ordre du roi un membre du parlement au milieu de la chambre des pairs. Certes la révolution pouvoit arriver ce jour-là, mais les parisiens en masse s'embarrassoient peu du parlement; ils ne se soulevèrent, comme je le prouverai dans la suite, que parce qu'à l'instant de l'audacieuse et absurde manœuvre du 11 juillet et du 12 suivant les uns tremblèrent pour leur argent, et les autres pour leur vie; j'étois de ces derniers, et je puis attester que je ne respirois plus que pour ma défense personnelle contre les troupes de la cour. Si Versailles n'eût pas menacé Paris de la manière la plus évidemment hostile, Paris seroit encore tranquille. Mais jusques aux poëtes et aux écrivains, tout prit les armes alors, parce que l'étrange caracol du prince Lambesc, que je ne cesserai d'appeller un bon patriote, acheva de jetter la consternation de toutes parts, et bientôt il n'y eut qu'un cri immense dans tous les quartiers, et ce cri appelloit la vengeance.

Je suis donc fondé à dire qu'il ne faut point chercher les causes de la révolution dans des faits éloignés. Ce fut la vue des canons et tout cet appareil de guerre, ce fut un coup de sabre sur la tête chauve d'un vieillard, ce fut l'heureuse impertinence du prince de pénétrer dans les tuileries un jour de dimanche, et de les violer à la tête de sa troupe à cheval, qui fut comme le signal du désespoir et qui électrisa toutes les têtes au point qu'une pareille commotion étonna jusqu'à ceux qu'elle emporta. Une pareille insurrection ne s'arrange point, ne se combine point: elle peut arriver chez le peuple le plus paisible. Le parisien ne songeoit point à dévorer Versailles; c'est Versailles qui a forcé Paris à le dévorer.

Chapitre VI.

Siège du Palais.

Qu'ils furent beaux les premiers jours de la révolution! D'Artois, Condé avoient fui. Ils avoient marché la tête haute, et jusqu'à protéger ouvertement les trames contre la sûreté du peuple de Paris. Si les projets de massacre n'avoient pas réussi à leur gré, ce n'étoit pas leur faute: ils avoient bien fait ce qu'ils pouvoient, et de concert. L'assemblée nationale avoit failli sauter à Versailles. Ils prirent la fuite dès qu'ils virent deux têtes en piques, et Condé réfugié à Chantilly, ayant demandé si le bourgeois s'étoit mêlé de l'affaire, lorsqu'on lui dit que oui, décampa à travers les champs, et sans suivre aucune route. Les princes, les nobles n'avoient pas assez de jambes pour fuir le réverbère: ils abandonnèrent le roi comme dans une déroute, on crie: sauve qui peut!

Les courtisans, le conseil, le clergé, et les parlemens avoient formé une si forte ligue contre Turgot, qu'ils forcèrent le roi à le renvoyer, et le jour de la disgrace de ce ministre le roi traversant la galerie fut applaudi avec enthousiasme; c'est le plus bel éloge qu'on ait jamais fait de Turgot. On auroit cru voir une coalition de malfaiteurs qui se réjouissoient du licenciement des maréchaussées. Leur joie parut si indécente à l'ambassadeur de Naples, qu'il ne put s'empêcher de dire à son voisin: il me semble voir un grand seigneur qui renvoie son intendant honnête homme, et ses insolens valets qui viennent s'en réjouir en présence de leur maître parce que cet honnête intendant les tenoit en bride.

Ils opérèrent la disgrace des Malesherbes, des Necker; et ce fut sous le ministère du second que la souveraineté des princes commença à prendre l'ascendant qui les a perdus. Leur cotterie étoit conduite par une association d'intrigans subalternes qu'on appelle dans le stile moderne des faiseurs. Deux ouvriers de cette espèce qui ne méritent seulement pas d'être nommés, furent détachés pour travailler, comme ils le disent, par le directeur général; ils étoient appuyés par ce vieillard de Pontschartrain, et par les charges ou places qu'ils occupoient auprès des princes. Le directeur général se contenta d'abord de leur opposer une superbe conscience et un profond mépris; mais excédé d'intrigues et de contrariétés, il prit le parti de la retraite. Il auroit pu leur dire en partant de Marly: „vous ne voulez donc pas permettre qu'on vous réforme? Je vous prédis qu'en moins de dix ans vous vous ferez détruire.“ La retraite du directeur général fut l'époque de leur ruine; au reste il ne faut pas leur reprocher ce tort, ils en ont fait une assez rude pénitence, et il en revient à la france une assez abondante moisson.

Ils firent assiéger le palais parce qu'ils avoient un mépris profond pour la robe. A ce siège du palais la plupart des officiers aux gardes avoient cependant leurs parens ou leurs amis au parlement; mais tout aveugloit ces nobles en ce qu'ils s'imaginoient que le roi n'étoit que le *primus inter pares.* Ils me l'ont dit à moi-même, et d'après ce beau raisonnement ils le regardoient comme leur caissier ou leur trésorier. C'est sous ce point de vue que les uns blamoient et que les autres approuvoient la tenue des états généraux. Les uns craignant de ne plus assez puiser au coffre royal, les autres se flattant qu'ils se rempliroient. Leur courte vue et leur insolence servirent la nation qui les surprit dans leur désunion et les écrasa.

Ce qui n'étoit pas de la haute noblesse se rappelloit ce qui se passa aux états de 1614. Un député de la noblesse du haut Limosin donna des coups de bâton au lieutenant d'Uzerche, député du tiers état du bas Limosin. La dite chambre en fit des plaintes au roi, qui renvoya cette affaire au parlement; et comme tous les officiers s'estimoient intéressés à cette injure, le parlement condamna le gentilhomme par contumace à avoir la tête tranchée, ce qui fut exécuté en effigie. Et comme si à la face des états chacun se plaisoit à faire plus d'insolences, et à montrer plus de mépris des lois, Rochefort donna des coups de bâton à Marsillac, sous prétexte qu'il avoit médit de Mr. le prince, et déclaré sa mauvaise volonté pour la reine, et dit plusieurs particularités de ses desseins contre elle. Saint-Géram et quelques autres offrirent à la reine de donner des coups de bâton à Rochefort, mais Mr. de Bullion l'en détourna, et se chargea de poursuivre l'affaire pour la reine. Nonobstant tout ce que fit Mr. le prince, M. Bullion poursuivant l'affaire pour la reine eut un décret de prise-de-corps. Il est à noter que M. le prince avoit présenté au parlement sa requête, par laquelle il avouoit la violence faite par Rochefort, prétendant que les princes du sang peuvent faire impunément de telles violences; mais depuis ayant eu avis que tant s'en falloit que son aveu pût garantir Rochefort, et que le parlement eût procédé contre lui pour l'aveu qu'il en avoit fait, étant vrai que les princes du sang ne peuvent user de telles violences, sans être repris par la justice, il retira sa requête. Plaisante requête qui renferme la prétention des princes du sang, de pouvoir faire donner des coups de bâton à des gens de qualité.

Après la tenue ils firent, comme ils avoient fait quand M. le prince et son parti demandèrent les états. Ce ne fut que pour dresser un piège à la reine, espérant d'y faire naître beaucoup de difficultés et de divisions qui mettroient le royaume en combustion; mais lorsqu'ils virent qu'ils conspiroient tous au bien de l'état, ils se tournèrent alors vers le parlement, et essayèrent d'y produire l'effet qu'ils n'avoient pu aux états. Ils semèrent dans ce corps de la jalousie contre le gouvernement, les persuadant qu'on les méprisoit, en ne leur donnant pas la part que l'on devoit dans les grandes affaires que l'on traitoit alors. On promit de les aider à maintenir leur autorité. Ces inductions à des personnes qui d'elles-mêmes n'ont pas peu d'opinion de l'estime qu'on doit faire d'eux, eurent assez de pouvoir pour faire que le 24 de mars, quatre jours après que les députés des états furent congédiés, le parlement assembla toutes les chambres. On arrêta que sous le bon plaisir du roi les princes, ducs, pairs et officiers de la couronne seroient invités à se trouver en ladite cour pour aviser sur les propositions qui seroient faites pour le service du roi, le soulagement de ses sujets, et le bien de son état.

Cet arrêt fut incontinent cassé par un arrêt du conseil: le roi fit venir les présidens, leur fit une réprimande, qu'ils devoient, comme son premier parlement, employer l'autorité qu'ils tenoient du roi à faire valoir la sienne, non à la déprimer en sa présence, et qu'il leur défendoit de délibérer davantage sur ce sujet.

Ils ne laissèrent pas de le faire. Le lendemain ils arrêtèrent que de tout tems le parlement prend part aux affaires d'état, et que les rois sont même accoutumé, à lui envoyer les traités de paix pour lui en demander avis.

Enfin, après quatre ou cinq arrêts rendus et cassés, l'affaire en demeura là: l'opiniâtreté du parlement l'emporta sur la volonté du roi.

N'est-ce point là, à quelque différence près, l'histoire de 1788 et 1789?

CHAPITRE VII.

Caisse d'Escompte.

La caisse d'escompte a le droit de réclamer sa place parmi les principales causes qui ont amené la révolution : jamais Versailles n'auroit pu, ni osé se livrer aux dissipations de toute espèce dont la folie a éclaté dans toute l'Europe, sans la facilité qu'on trouvoit à faire des emprunts ; et jamais on n'auroit eu cette facilité sans le secours de la caisse d'escompte.

C'est elle qui a produit cette génération mixte d'agioteurs, princes, courtisans, magistrats, militaires, financiers, notaires, courtiers. Cette grande quantité de numéraire fictif qui fut versé dans la capitale fit imaginer à jeunesse cette imprudente et irréfléchie qui environnoit le trône, qu'elle étoit à la tête d'une nation inépuisable et à jamais asservie. Elle ne songea qu'à se bien réjouir, se croyant absolue et ne voulant être régie par rien. Elle présuma qu'elle pouvoit se passer même de dignité, cette vertu magique des cours.

La reine commença par faire mainbasse sur toutes ces vieilles étiquettes, qui contrarioient ses goûts et ses plaisirs; elle ne sçavoit pas que c'étoit-là le palladium du logis.

La retraite ou la disgrace des Malesherbes, des Turgot, et des Necker annonca dès lors à la nation qu'il lui seroit plus aisé de détruire Versailles, que de le réformer.

Ce qu'on appelloit les jeunes seigneurs, il ne se trouvoit pas un petit coin de la domination française, qui ne fût souillé de leur débauche scandaleuse; et quant à leur propre réputation ils y avoient mis si bon ordre par leur licence qu'en vérité il ne restoit pas même la plus petite prétention à la calomnie.

Chapitre VIII.

Les quatre Tourbillons.

Une de ces grandes erreurs consacrées par l'irréflexion, et par l'ascendant que les mots ont toujours eu sur les choses, c'est d'avoir regardé la france comme une des plus anciennes monarchies du monde. La france a été constamment gouvernée par l'aristocratie la plus ancienne, la plus adroite et la plus entreprenante qui fut jamais.

Les grands, le haut clergé et la magistrature étant tout, et la nation n'étant rien, la noblesse partageoit la nation en trois classes; celle des hauts villains, des riches villains, et des pauvres villains.

On s'étonne de ce qui se passe aujourd'hui; mais la démence et la durée de l'ancien régime est une chose encore bien plus étonnante.

Il faudroit marier la plume de Juvenal à celle de Molière pour exprimer ce que cette arrogance des grands avoit d'odieux et de ridicule. Elle fut telle qu'il faudra à la france plus de mille ans de constitution et de liberté pour se laver de la honte d'avoir été si long-tems opprimée et injuriée par des hommes pareils.

Oui, ce qui doit le plus étonner celui qui connoît l'histoire de france, c'est que cette révolution qui changea la face de la france et qui doit occuper toute l'europe se soit opérée au moment où l'aristocratie sembloit avoir perfectionné son système d'insolence.

Les encyclopédistes et les économistes avoient bien des opinions qui appelloient de grandes réformes. Mais si la noblesse ne s'étoit pas divisée, si le parlement n'avoit pas mis plusieurs fois le feu à la maison de son voisin, le clergé; si la haute noblesse n'avoit pas triomphé de la petite avec la plus imprudente politique, jamais on n'auroit pu ébranler ce colosse exempt d'impôts et de toutes les charges de l'état. Les parlemens étoient le foyer de l'aristocratie française, et celle-ci, ne sachant pas distinguer le vrai courage d'avec l'orgueil et la fierté féodale, humilia tellement la robe que celle-ci ne s'opposa plus à la convocation des états généraux.

Ce fut vers le tems de la destruction des parlemens que se firent les mariages des trois princes de la famille royale. Ils furent traités en souverains, et certainement ils n'eurent rien à envier à aucune tête couronnée de l'europe, tant pour leur maison que pour leur suite.

Il s'agissoit d'un mariage entre la maison d'Orléans et la famille royale: celle-ci trouva que d'Orléans n'étoit pas assez noble, et le traita à peu près comme il traitoit lui-même un simple gentilhomme. Ces folies tournèrent au profit de la nation, qui s'émancipa au milieu des singulières querelles de la cour.

Cette cour, partagée en quatre, formoit quatre tourbillons qui depuis ont entraîné tous les ministres et toutes les affaires, de-là quatre conseils, où l'on s'étoit habitué à regarder le roi comme le titulaire du royaume qui leur appartenoit en propre. La france n'étoit qu'un héritage.

Chapitre IX.

Clubs.

On peut trouver dans l'établissement des journaux, des sociétés littéraires, de ces clubs, où l'on parloit avec beaucoup de liberté, et sur-tout dans les loges de francs-maçons, où l'on s'exerçoit à l'art de parler, où l'on obtenoit la parole à peu près dans les mêmes formes usitées dans le corps législatif; on peut, dis-je, reconnoître les différens foyers de cet esprit insurrecteur, dont l'explosion ne pouvoit guères tarder. La non-maturité eût pu nuire à l'effet.

Les femmes, qui d'abord admirent tout ce qui est grand, contemplèrent la révolution comme un spectacle, mais comme elles aiment toutes le luxe, l'ostentation, et les richesses, elles s'affligèrent quand elles virent disparoître les deux épaulettes de leurs amans, le cordon bleu, la mître, la robe parlementaire, la croix de St.-Louis, et jusqu'à la canne à corbin du contrôleur des finances. Elles virent qu'il y avoit quelque chose de sévère et de sérieux dans la révolution, et dès ce moment elles se tournèrent contre elle.

Les femmes des Robins furent celles qui montrèrent le plus de dépit, et qui accusoient hautement leurs époux d'imbécillité; mais quand le parlement de Paris auroit entrepris d'assujettir le monarque à choisir pour modèle la composition des états assemblés en 1614, le vœu national, les lumières du siècle se seroient élevés contre cette forme. L'empire de l'opinion publique et de sa force croissante étoient alors vraiment incalculables. L'esprit français, si long-tems monarchisé, se trouva tout-à-coup dispos à l'établissement de toutes les théories politiques et de tous les systêmes de législation. Je puis dire sans orgueil comme sans modestie que la lecture de mon ouvrage intitulé: l'An 2440, comme étant à la portée de tous les lecteurs avoit dit assez clairement que les plus grands changemens étoient possibles, et qu'il ne falloit plus lutter avec des vieilleries contre toute la vigueur des principes de la justice éternelle.

L'opinion gouverne le monde, et toutes les plumes dirigeoient l'opinion vers la réforme des abus, et il y avoit tant d'abus en France qu'ils auroient suffi non à tuer un royaume, mais un monde.

Nous autres écrivains nous voulions délibérer par tête, mais il vint des gens qui dirent: *voulez-vous délibérer par bras?*

CHAPITRE X.

Il n'y avoit qu'à ....

On n'entend que ce mot lorsqu'on parle de la révolution : il n'y avoit qu'à faire ceci ; il n'y avoit qu'à faire cela ; il n'y avoit qu'à prendre un tel ; il n'y avoit qu'à marcher tel jour et telle heure : tous grands et merveilleux prophêtes après l'événement, tous rétrogradant vers le passé et ne pouvant pas dire ce qui arrivera demain, tous se répandant en déclamations inutiles, haranguant une cataracte bruyante, et s'imaginant que leur voix va surprendre les flots écumeux.

Comment un journaliste peut-il se relire lui-même sans rougir de ce qu'il a écrit ? Que de faux aperçus ; que de jugemens fautifs; que d'ignorance de la chaîne qui lie tous les événemens de ce monde! Il n'y avoit qu'à .... il n'y avoit qu'à .... Lorsque j'entends ces mots, je détourne mon attention, et je laisse le parleur enfiler ses vaines sillabes.

D'autres disent: oh si j'avois été à la place de .... j'aurois fait sauter tous ces gouvernans en théorie: Ils peuvent être satisfaits: les uns ont été arrêtés, les autres n'ont eu que le tems de fuir. Personne ne veut avoir manqué de sagacité, et chacun se plaint des coups qu'il a reçus.

On eût dit que cette révolution étoit l'ouvrage de quelqu'homme d'un génie extraordinaire, d'une tête vaste à physionomie antique, enfin de quelqu'esprit au-delà des limites ordinaires: point du tout. Nous avons été tous ce que Marivaux, qui en étoit, appelloit les grands médiocres, et voilà pourquoi peut-être la chose a mieux été. Il n'y a pas d'erreur plus dangereuse que celle d'un homme de génie. Du moins nos fautes ont été réparables, et la machine ne s'est pas écroulée entre nos mains : tour à tour battus et battant nous n'avons eu ni chef ni dictateur, et dans la mêlée sanglante les scélérats ont peri avec quelques gens de bien. Après une bataille on enterre les morts.

Chapitre XI.

Niches.

Avant la révolution Monsieur, frère du roi, malgré le poids énorme de son individu, faisoit de l'esprit, et tenoit bureau d'esprit. Là se préparoient maintes épigrammes, maintes niches contre les pauvres parisiens. On cherchoit à les mistifier; on leur annonçoit dans le journal de Paris les choses du monde les plus ridicules, et c'étoit-là l'ouvrage de la cotterie: ils envoyoient Beaumarchais à St.-Lazare se faire fouetter à cinquante cinq ans; ils vivoient de bons mots, ils s'extasioient de leur bon goût et de leur esprit.

Cette cotterie déplut aux gens de lettres qui, blessés par le caractère méchamment caustique du gros prince, réagirent contre lui dans l'opinion publique. Il fut peint comme un mauvais auteur président d'un aréopage littéraire, où il n'étoit que le prête-nom de tout ce qui s'y disoit.

Le gros prince se mêla aussi de conspiration et joua un rôle dans l'affaire du marquis de Favras, d'autant plus maladroit et d'autant plus lâche, qu'il se démasqua pour tout œil exercé, et qu'il fut cause de la pendaison du marquis qui poussa la complaisance jusqu'au point de taire le nom du prince; dernier acte de courtisan que tous les courtisans trouvèrent sublime. Le gros prince prit le fuite au départ du roi pour Varennes, et tour à tour régent du royaume et monarque *in partibus*, il fut appellé le gros régent et le roi de Véronne.

Les contre-révolutionnaires l'appellent Louis XVIII. Sa nullité est si bien prononcée, que les républicains eux-mêmes lui donnent ce titre par dérision.

Sa conduite ne fut pas tout-à-fait indifférente aux progrès de la révolution. On eût dit qu'il prêtoit la main à toutes les sottises de la cour pour en recueillir le fruit; mais on devina ses intentions, et il tomba dans un mépris tel, qu'il ne peut se métamorphoser en oubli.

Chapitre XII.

Renvoi de Mr. Necker.

Le livre des grands événemens par les petites causes n'est pas encore seulement commencé, et c'est parce que je l'ai longtems médité que je ne vais pas chercher bien loin ce qui a engendré un fait quelconque, lorsque le jour d'hier est quelquefois son véritable générateur.

Les ordres privilégiés qui avoient bien voulu par condescendance n'employer que la mauvaise foi, la ruse, et quelques petites menées pour répandre dans les provinces la division, la disette, et même la famine, et opérer la dissolution de l'Assemblée nationale, voyant qu'elle se familiarisoit jusqu'à vouloir établir les droits de l'homme, résolurent d'associer le plaisir de la vengeance avec l'orgueil de l'empire, d'en imposer tout à la fois à la capitale et de braver l'armée entière. Ils traitèrent de bourgeois six cents pauvres députés presqu'écrasés sous le poids de la calamité nationale, et tout étonnés que le tiers état ne fût point disposé à endurer les humiliations qu'on lui avoit fait tant de fois essuyer dans les assemblées des règnes antérieurs, ils décrétèrent dans leur comité secret que le ministre des finances seroit chassé avec éclat; qu'on se rendroit maître de Paris et de cette bourgeoisie assemblée; que s'il s'y trouvoit des mutins, ils seroient dispersés, n'importe comment; enfin que les mots d'états généraux, d'Assemblée nationale seroient désormais effacés de tous les dictionnaires français. 25 à 30,000 hommes à cheval et à pied eurent ordre de se rendre aux environs de Paris et de Versailles; mais étoit-on bien sûr des militaires qui raisonnoient le commandement, et qui s'indignoient qu'on ne voulût faire d'eux que des instrumens de servitude: il fut dit qu'on feroit une répétition de cette sanglante tragédie. On souleva les ouvriers d'une manufacture au faubourg de St.-Antoine; on y fit mettre le feu afin d'avoir occasion de faire marcher les gardes françaises et les gardes suisses contre les prétendus révoltés, et de paroître protéger les propriétés et les maisons contre les incendiaires. La répétition se fit à merveille; on fit feu, on en blessa autant qu'on en voulut, et l'incendie des barrières fut aussi ordonné pour servir de prétexte à la formidable introduction des troupes.

Cependant les grands enfans étoient si appliqués à tromper qu'ils ne s'aperçurent pas qu'ils se trompoient eux-mêmes. Ils n'eurent pas la patience dans toute cette belle entreprise d'attendre l'arrivée de toutes les troupes. Ils précipitèrent le renvoi de Mr. Necker le samedi au soir du 11 juillet. Il eut ordre de sortir du royaume sous 24 heures et à petit bruit.

C'étoit donner le signal de la banqueroute, et à la suite de la séance royale et de la cour plénière c'étoit rallier tous les esprits à l'insurrection. L'armée des agioteurs se rassembla au palais royal; l'on vit un homme monter sur une table, animé de cette audace du moment, de cette audace qui fait tout, tirer deux pistolets de ses poches, haranguer le peuple, lui crier: notre ruine est prononcée; voyez ce qui se passe aux champs élisées; les troupes s'emparent de tout l'espace qui se trouve entre l'étoile de Chaillot et les tuileries, elles s'y rangent en bataille; nous avons assez délibéré, délibérons par bras, nous sommes les plus nombreux et nous serons les plus forts: armons-nous; que tous nos citoyens s'arment, partons; et ils sortirent en foule; il avoit détaché un rameau de l'arbre qui l'ombrageoit; ce rameau se transforma en une cocarde verte; chaque boutonnière d'habit eut un ruban verd. C'étoit la couleur de l'espérance. Mais bientôt on fit la réflexion que les couleurs d'Artois étoient vertes; on prit les couleurs des armes de la ville de Paris: de-là la cocarde tricolore, qui fera le tour du monde à raison des obstacles qu'on lui opposera.

On sonne le tocsin; on dépouille les boutiques des armuriers et des fourbisseurs; on cherche par-tout des armes; on établit des atteliers; on organise des districts. Le marteau raisonne, étend ou courbe le fer; tous les instrumens de cuisine sont emmanchés; une foule innombrable se porte aux invalides, y prend tous les fusils, et au grand étonnement des militaires ne commet point de désordre; on traversa des caves pleines de vins sans y toucher; on ne vouloit que des armes; on traînoit les canons du plus gros calibre, et ils marchèrent comme par enchantement. Des canonniers experts auroient demandé deux jours pour opérer ce qui fut fait en trois heures.

Tandis que Mr. Necker s'éloignoit tranquillement dans sa chaise de poste, et que son renvoi avoit décidé le plus grand soulèvement et le plus rapide dont l'histoire fasse mention. Quelle nuit du lundi au mardi! Des patrouilles qui se succédoient et se croisoient de quinze en quinze pas! Une multitude agitée par la crainte, l'incertitude et l'indignation! Un murmure vague accompagné de coups qu'on frappoit sans objet déterminé sur les portes et les boutiques! Ce son triste, monotone et continu de toutes les cloches d'une immense capitale! Ce tocsin au milieu des ténèbres sembloit appeller la colère et la vengeance d'un grand peuple pour briser un trône.... Quelle nuit!.... et vous tous, princes, ministres et administrateurs des empires, qui n'avez pas entendu ce tocsin, attendez-vous à l'entendre sonner au premier attentat contre la liberté. . . . .

Hé! ce tocsin de la capitale se fit entendre d'un bout de l'empire à l'autre. Une puissance invisible frappoit par-tout sur cette terre d'oppression, et par-tout l'on voyoit sortir de son sein des hommes tout armés.

Et à quoi tenoit ce grand mouvement! Le dirai-je? A une divinité qu'on appelle la peur! La cour avoit épouvanté la capitale par un appareil de guerre: il en nâquit cette journée mémorable, qui fut toute grande, toute sublime, et la plus majestueuse dont parlera l'histoire.

Chapitre XIII.

Club des Jacobins.

Comment en un plomb vil l'or pur s'est-il changé! Les sociétés populaires, les clubs patriotiques, les amis de la constitution nous furent d'un besoin indispensable dans les premières années de notre changement politique; ces sociétés, en réunissant la masse du peuple, pouvoient seules combattre avec avantage les préjugés et les erreurs, hâter les progrès des lumières, disséminer les grandes vérités, établir les principes, répandre les vertus civiques, en inspirer l'amour, implanter le patriotisme dans tous les cœurs, et former enfin cet esprit public, qui devoit seul enfanter l'unité d'opinion, comme l'unité d'action. Voilà les grands travaux qu'ont glorieusement entrepris les jacobins! A quel degré de bonheur ne nous eussent-ils pas fait depuis long-tems parvenir, s'ils eussent continué à se montrer tels qu'ils furent dans leur origine, ou dans les deux ou trois premières années qui la suivirent. Le malheureux génie des factions en avoit autrement ordonné. Déjà il plane sur la france, il se glisse au milieu des clubs patriotiques, il souffle son esprit de vertige et de fureur à tous leurs membres. Les jacobins subsistent toujours; mais dès l'instant de la création de la république ces hommes ne ressemblent pas plus aux patriotes de 89, 90 et 91, que les français d'aujourd'hui, tout républicains qu'ils sont de nom, ne ressemblent soit aux Spartiates soit aux Romains dans les beaux jours de leur vertu et de leur gloire.

Pour nous instruire des causes d'un changement si déplorable, écoutons un

sage député: „les sociétés populaires,
„dit-il dans un de ses rapports, étoient
„à leur naissance les temples de la
„liberté et de l'égalité. Les citoyens et
„les représentans du peuple s'y rendoient
„pour méditer ensemble la perte de la
„tyrannie, la chûte des rois, les grands
„moyens de consolider la liberté. Dans
„ces sociétés on voyoit le peuple uni à
„ses mandataires, les éclairer et les juger.
„Mais depuis que ces mêmes assemblées
„se sont remplies d'êtres artificieux,
„qui viennent briguer à grands cris
„leur élévation à la législature, au mi-
„nistère, au généralat; depuis qu'il y a
„dans ces clubs beaucoup trop de fonction-
„naires publics, et trop peu de citoyens,
„le peuple y est nul; ce n'est plus lui
„qui juge le gouvernement, ce sont les
„fonctionnaires coalisés, qui, réunissant
„leur influence, font taire le peuple,
„l'épouvantent, le séparent de ses légis-
„lateurs, bien qu'ils doivent toujours être
„inséparables, et corrompent l'opinion

„ dont ils s'emparent, et par laquelle ils „ imposent silence jusqu'au gouverne-„ ment, en se rendant eux-mêmes „ fonctionnaires publics, les dénoncia-„ teurs de la liberté qu'ils outragent, „ qu'ils perdent et qu'ils assassinent."

Les vérités lumineuses que renferme ce passage, doivent d'autant moins paroître suspectes au lecteur impartial, qu'elles sont dites par un des plus ardens sectateurs des clubs; et c'est principalement aux jacobins de Paris, que ces grandes vérités peuvent s'appliquer. En effet, dès que les Danton, les Marat, les Robespierre, les Collot, les Billaud, les Couthon, les Dumas, et beaucoup d'autres individus, dont les noms nous échappent, dominèrent dans la société, dès que tous les députés marqués, les ministres, les magistrats du peuple, ses juges, et d'autres fonctionnaires publics en furent membres, on s'occupa bien moins du gouvernement que des gouverneurs; et on ne s'occupa de ces derniers que pour leur faire la cour, les flagorner, et en arracher, soit à force de bassesses, soit à force d'importunités, les emplois les plus lucratifs. Dès-lors la société leur fut toute dévouée, et ses membres qui, naguère encore, les jugeoient avec tant de fierté, ne furent plus que leurs vils prôneurs, leurs esclaves, les aveugles instrumens de leurs ambitieuses et détestables passions.

Telle, est en abrégé, l'histoire de ces jacobins, dont nous avons été observateurs impartials depuis leur origine jusqu'à leur chûte.

Dans leurs différentes époques ils font tantôt le bien, tantôt le mal; ici ils forment l'esprit public, là ils le font dégénérer en un fanatisme démagogique, et déshonorent par leurs excès la liberté qu'ils ont si puissamment servie par leurs travaux.

Envisagée dans ses membres, la société offre, à sa naissance, une réunion d'hommes faits pour nous étonner par la hardiesse de leur génie. Divisés de sentimens, ces apôtres de la liberté se séparent. Ils sont remplacés par des hommes foibles, bornés, ignorans, que leur défaut de lumières entraîne dans l'idolâtrie de tous les intrigans qui les subjuguent.

Considérée dans ses chefs de file ou meneurs, elle n'est plus qu'un rassemblement de factieux, fauteurs, complices et victimes des Robespierre et autres grands coupables.

Une des plus grandes fautes, de la *Constituante* est de n'avoir pas eu la prévoyance et le courage de fermer tous les clubs, et principalement celui de Paris, au moment de l'acceptation de la constitution par le peuple; s'il étoit impossible de les supprimer alors, ces clubs si redoutables, il falloit au moins les circonscrire dans de si étroites limites qu'ils ne pussent jamais rivaliser avec les autorités constitutionnelles et troubler la tranquillité. Etoit-il prudent de laisser élever dans l'état autel contre autel; c'est en conservant l'échaffaudage de l'édifice que l'ennemi de la liberté s'est emparé du vulgaire des jacobins et en a fait des stipendiés; on pourroit les comparer à des soldats subitement licenciés et sans paye. Aussi n'a-t-il pas existé un seul complot contre la république qui n'ait eu depuis son principal foyer à Paris. C'est au nom des lois qu'on a voulu détruire toutes les lois; ils ont pris tous les masques; vous les retrouverez dans toutes les assemblées primaires; n'ont-ils pas envahi les sections pour en faire des arênes de contre-révolution et d'anarchie? Ne croyez pas que le canon de Vendémiaire ait adouci leur rage; par-tout ils ont formé de nouveaux complots, ils ont préparé à Condé l'entrée des départemens du Doubs et du Jura. Pervertir l'esprit public, provoquer les massacres, proscrire les chants inoculateurs de la liberté, si redoutables à nos ennemis : voilà l'ouvrage de ces jacobins dégénérés et stipendiés par le royalisme.

Chapitre XIV.

Travaux du champ de Mars.

On ne vit peut-être chez aucun peuple cet étonnant et à jamais mémorable exemple de fraternité; je n'y pense jamais sans admiration: c'est-là que j'ai vu cent cinquante mille citoyens de toutes les classes, de tout âge et de tout sexe, formant le plus superbe tableau de concorde, de travail, de mouvement et d'allégresse, qui ait jamais été exposé: oh! quels sont les monstres qui ont effacé ces couleurs si riantes? quels hommes que ces bons et braves citoyens de Paris qui sçurent transformer huit jours de travail en des jours de fête la plus touchante, la plus inopinée et la plus neuve qui fut jamais. C'est un genre de spectacle si original, qu'il est impossible que les hommes les plus blasés n'en soient pas remués. Dans un espace immense rempli de citoyens vraiment actifs, et qui dévoroient le travail, s'offroient tout à la fois les scènes les plus variées : ici ils s'attendrissoient à la vue de leur général, qui venoit prendre part au travail de ses concitoyens : là c'étoient des acclamations et des cris de joie à l'arrivée de la maison du roi : plus bas c'étoit une musique militaire qui annonçoit les Suisses, ces enfans de la liberté, qui venoient partager la fête avec leurs anciens amis et alliés. A côté des garçons jardiniers, distingués par des fleurs et des laitues attachées à leurs instrumens, étoient les élèves de peinture qu'annonçoit une banière représentant la france. A leur suite venoit l'espoir des races futures, les rejettons de nos législateurs, qui passoient gaîment des exercices du collége au travail du champ de Mars. A travers un grouppe de moines, de femmes, d'abbés et de charbonniers j'aperçus le brave capitaine Kersaint avec une phisionomie toute radieuse de liberté, poussant la brouette avec la même gaîté qu'il montoit la belle poule, ou qu'il iroit combattre les ennemis de la patrie.

Le résultat d'une aussi belle et aussi étonnante fraternité mérite d'être transmis à la postérité la plus reculée. Lorsque les fédérés furent arrivés, on vit la plus solemnelle des fédérations, le plus beau triomphe des peuples, un jour enfin d'alliance, d'étonnement, d'admiration et d'attendrissement.

Dans ce jour solemnel ce fut comme une expérience d'électricité. Tout ce qui touchoit à la chaîne dut se ressentir de la commotion; elle fut grande, elle fut universelle, elle fut telle enfin que son souvenir est propre à rallier tous les français, si les ennemis du dehors, jaloux de notre liberté, venoient nous assaillir. Ce seroit encore un moment de crise heureuse, un effort national qui reconstruiroit subitement l'édifice de la liberté.

On ne sauroit trop le répéter: jamais la cour des rois n'a offert un spectacle aussi majestueux; et puisque Louis XVI a été infidèle à cet auguste serment, et qu'il a pu oublier qu'il l'avoit prêté à la face du ciel et devant un peuple généreux, il ne sauroit être plaint des maux qu'il a fait tomber sur sa tête par le plus détestable des parjures.

Hé! qu'avoit-il de si beau dans son Versailles, dans cette espèce de forteresse où les courtisans et associés, fauteurs de l'esclavage le retenoient comme prisonnier? Jamais ils ne le perdoient de vue: sans cesse ils l'obsédoient, et le tout pour lui faire signer tout ce qui pouvoit servir leur ambition ou accroître leur intérêt avec l'asservissement de la nation. Louis XVI s'est détrôné lui-même, et par sa fuite honteuse vingt millions d'habitans qu'on appelloit francs par une sorte de dérision, d'esclaves qu'ils étoient, se sont trouvés libres comme par une espèce de prestige.

Il est impossible de donner une description de ces travaux, qui ne soit beaucoup au-dessous de la réalité. Tous les citoyens de tous les âges ont brigué l'honneur de préparer de leurs mains le lieu, où ils vont jurer de défendre la constitution et de vivre ou mourir libres. La multitude du monde, la vivacité des mouvemens, la bigarrure des habits, tout concouroit à la variété pittoresque de ce spectacle : ici ce sont les charbonniers, là les perruquiers, les forts de la halle, les porteurs d'eau; les colporteurs n'ont pas voulu demeurer oisifs, les invalides ont prouvé que leurs bras étoient encore aussi vigoureux que leur ame étoit courageuse. On a vu même des femmes parées des ornemens de leur sexe en oublier la foiblesse, et voiturer des brouettes.

Les étrangers qui arrivoient par Versailles disoient, les yeux baignés de pleurs : *quels hommes que ces Parisiens!* Il falloit voir cette vaste fourmillière de citoyens occupés aux plus rudes travaux ; il falloit voir la longue chaîne qu'ils formoient, attelés à des charrettes surchargées. Des pierres énormes cèdent à leurs efforts ; il semble qu'ils entraîneroient des montagnes : il n'est point de corporation, qui ne veuille contribuer à élever l'autel de la patrie. Une musique militaire les précède. Tous les individus se tiennent quatre à quatre, portant avec gaîté la pelle et la pioche ; leur cri de ralliement est ce refrain immortel d'une chanson nouvelle, qu'on appelle le *carillon national;* tous chantent à la fois : *ah! ça ira! ça ira! ça ira!* oui pardieu! *ça ira!* répètent tous ceux qui les entendent. Les habitans des villages, même éloignés, accoururent ayant à leur tête leur maire, avec son écharpe et la pelle sur l'épaule.

Mais ce qui surprend le plus, c'est l'ordre qui règne parmi un si grand nombre de citoyens de toute condition. Pas un propos injurieux, pas la plus légère querelle. On comptoit dans le champ de Mars plus de deux cent cinquante mille hommes, et pas une sentinelle.

Un grand nombre de députés pour la fédération vinrent aussi travailler; différens membres de l'Assemblée nationale les accompagnoient: on distinguoit parmi eux le père Gérard, qui, comme un ancien Romain, passe de la charrue au sénat, et du sénat à la charrue. On a vu M. M. Sièyes et Beauharnois, attachés à une charrette; on a remarqué qu'ils tiroient plus à gauche qu'à droite. L'abbé Maury auroit tiré à droite.

Le 9, les charbonniers traînoient derrière eux leur bannière; un d'entre eux en manteau court, en rabat et enchaîné étoit l'aristocratie personnifiée par ce J. F. Maury. Les collèges et les pensions ont pris part à ces travaux. Un pensionnaire de Vincennes, échauffé par un travail opiniâtre, s'écria: „je ne „puis encore que donner ma sueur à ma „patrie, quand viendra l'heureux moment „où je verserai mon sang pour elle?"

Les bouchers avoient sur leur flâme un large couteau, et on lisoit dessous: *Tremblez, aristocrates, voici les garçons bouchers!* d'énormes monceaux disparoissoient sous leurs bras nerveux; des ouvriers de la bastille ont amené dans des charrettes tous les instrumens, qui ont servi à renverser l'horrible forteresse. Les imprimeurs sont accouru mettre la main à l'œuvre patriotique: il étoit écrit sur leur drapeau: *Imprimerie, premier drapeau de la liberté.*

Plusieurs communautés de moines se rendirent aussi au cirque de la fédération; un jeune ecclésiastique, bien frisé, bien ambré, bien lustré, sembloit regarder cette belle scène en pitié; .... *à la brouette! à la brouette!* cria-t-on autour de lui ; il en prend une nonchalamment. Un vigoureux patriote, qui, pour faire plus d'ouvrage, avoit sur le dos une hotte remplie de terre, et rouloit une brouette, passe près de lui, et lui dit : *laissez, laissez-là cet instrument que vous profanez.* Il quitte sa brouette, s'empare de celle de Mr. l'abbé, va vider la terre hors du champ de Mars pour qu'elle ne le souille pas, revient, reprend son fardeau et continue son ouvrage.

On a vu toute une famille travaillant au même endroit; le père piochoit, la mère chargeoit la brouette, et leurs enfans la rouloient tour à tour, tandis que le plus jeune, âgé de quatre ans, porté dans les bras de son ayeul, qui en avoit quatre-vingt treize, bégayoit en riant : *ah! ça ira! ça ira!*

Une chose vraiment remarquable dans cette foule immense de gens inconnus les uns aux autres, c'est l'extrême confiance qui régnoit parmi eux : un jeune homme arrive, ôte son habit, jette dessus ses deux montres, prend une pioche et va travailler au loin; on lui crie: *et vos deux montres?* — *On ne se défie point de ses frères*, répondit-il en s'éloignant; et ce dépôt fut religieusement respecté.

On a remarqué un honnête citoyen, suivi d'une brouette chargée d'un tonneau de vin; il tenoit des verres, et offroit à boire gratuitement aux travailleurs. *Mes frères*, disoit-il, *ne buvez point, si vous n'avez pas soif, pour ne point épuiser si-tôt le tonneau;* et on ne voyoit en effet se présenter à cette buvette, que des hommes épuisés de fatigue, et dont l'altération n'étoit point équivoque; le roi vint jouir de ce spectacle nouveau; soudain la pelle et la pioche sur l'épaule, les citoyens lui formèrent une garde d'honneur.

Chapitre XV.

Discours du roi aux états généraux.

Le roi entre, il se couvre, toute la noblesse met sur sa tête son chapeau à plumet; ce que voyant les roturiers, ils mettent aussi leurs chapeaux sans plumet, et l'enfoncent avec une sorte de colère. Le roi qui aperçoit tout cela, ôte son chapeau, et l'on vit tous les chapeaux à plumet disparoître successivement. Cette espèce de parade égaya la majesté du local et des circonstances: je m'amusai beaucoup de l'histoire des chapeaux; au reste les chapeaux et les bonnets ont toujours joué un grand rôle dans l'histoire de ce monde.

Le 5 Mai 1789 fut le jour de l'ouverture des états généraux; „réunissons-

„nous, messieurs, le roi le permet, „payons les dettes." Tel fut en substance le discours de Necker. La fougueuse révolution des esprits, la mobile succession des événemens, tout commandoit de renoncer aux vieilles mesures de la politique; mais on avoit la prétention de nous mesurer une dôse de liberté partielle; il y eut peu de majesté, parce qu'on voulut donner des bornes à ce qui n'en reçoit point, à une nation.

La cour sembloit vouloir dire aux états généraux: vous ferez un peu de bien au peuple, mais à condition que vous arrangiez préalablement nos affaires.

Le parti étoit bien pris de faire naître des contestations dans l'assemblée. Le vœu des communes étoit pour une seule chambre nationale, et la cour espéroit, que l'accroissement des difficultés améneroit la dissolution des états généraux.

Qu'est-ce que ces phrases illusoires: le roi fait le généreux sacrifice d'une portion de son autorité? Une nation est libre, une nation devient la régulatrice de son propre bonheur, lorsqu'elle rentre dans ses droits. Tous les actes inconsidérés d'autorité préparèrent notre liberté. Le sol et le climat sont restés les mêmes, tout le reste est changé; ce qui prouve que ce n'est pas une circonstance particulière, qui dans les grands mouvemens détermine la pente des esprits. Il en fallut plusieurs, pour ne pas dire une multitude.

La réunion des ordres fut célébrée par trois jours d'illumination.

Chapitre XVI.

Arbres de liberté.

C'est un superbe végétal qu'un arbre; dans les beaux jours de la révolution les arbres de liberté cheminoient de tous les bois voisins, déplaçoient les pavés, prenoient racine au pied des maisons et marioient leur verte chevelure aux balcons des différens étages, qu'ils ombrageoient.

Les signes de cette liberté naissante étoient salués par nos regards attendris. Quel plus riant spectacle que ce mélange d'édifices et de cîmes vertes et ondoyantes? Cette coutume si favorable à la salubrité de l'air, fut constamment chère à ces patriotes, qui opérèrent l'affranchissement des français, et qui justement irrités des parjures d'un roi et des crimes d'une cour altérée de sang, voulurent immortaliser ces grandes époques, en métamorphosant nos cités en aspects champêtres. Ces travaux furent des amusemens; ils décorèrent la grande ville: bientôt l'esprit royaliste, l'esprit contre-révolutionnaire laissèrent dessécher ces monumens naturels de notre courage. Un feuillage jaune sembloit dire: l'esprit républicain est malade, et n'a plus ses belles et vives couleurs que sur les frontières, où triomphent nos armées. Comment la sécheresse a-t-elle succédé à cette sève de vie? On les a outragés, ces signes verdoyans de la plus mâle bravoure; on les a relégués aux champs, et la scie téméraire ou avaricieuse a coupé ces troncs robustes qui étoient l'image si fidèle d'une régénération prompte et vigoureuse; mais le génie de la liberté est comme la morale; elle est attaquée, mais indestructible. Un généreux repentir fit replanter de nouveau tous ces arbres, qui ont été abattus ou qui ont péri naturellement. La présence de Buonaparte fit reverdir tous ces feuillages et sembla leur prêter un nouveau lustre. De nouvelles branches aux rameaux verds s'élancèrent jusqu'aux toits : ainsi que le printems rajeunit la nature, le grand nom du vainqueur d'Italie redonna à la grande cité ce beau vêtement verd qui annonce la circulation végétale, et la résurrection de l'esprit républicain.

CHAPITRE XVII.

Jesus.

Oh ! le bon tems pour les voleurs, qu'une révolution ! Beaucoup de méchans deviennent riches, et beaucoup de gens de bien restent pauvres ; mais nous autres gens de bien, nous ne voudrions pourtant pas changer notre vertu contre leurs richesses ; car la vertu est pour toujours, et les richesses changent tous les jours de maître.

Qui l'eût dit, que notre Seigneur J. C. s'appelleroit le *sans-culotte Jesus*, qu'il n'auroit pas d'autre surnom dans les journaux, dans les tribunaux, aux jacobins ; que ce seroit-là non un sarcasme, mais un véritable titre d'honneur, qui lui seroit accordé.

Il se fit donc un changement prodigieux dans les idées du peuple : la permission de tout dire créa un esprit particulier, qui, joint à beaucoup d'ignorance, n'en étoit que plus piquant. Des facéties accompagnèrent ces mouvemens tumultueux, et ce grand drame fut une véritable tragi-comédie.

Mais il semble que le mal que l'on fait à autrui soit comme un ressort élastique, qui revient déchirer la main qui l'a courbé. Plus la pression a été violente, plus le coup est terrible. Ainsi les maux et les injustices ont leurs représailles ; la cruauté produit la cruauté, et la montagne, en se coupant en deux, s'est fait, à peu de chose près, une justice mutuelle.

Chapitre XVIII.

Massacres de Septembre.

Les générations futures se refuseront à croire que ces forfaits exécrables ont pu avoir lieu chez un peuple civilisé, en présence du corps législatif, sous les yeux et par la volonté des dépositaires des lois, dans une ville peuplée de huit cent mille habitans, restés immobiles et frappés de stupeur, à l'aspect d'une poignée de scélérats soudoyés pour commettre des crimes.

Le nombre des assassins n'excédoit pas trois cens; encore faut-il y comprendre les quidams, qui dans l'intérieur du guichet s'étoient constitués les juges des détenus.

Les promoteurs de l'anarchie, les agitateurs du peuple, en un mot, les partisans du crime ne cessent de nous dire qu'une grande conspiration devoit éclater à Paris dans les premiers jours de Septembre. Personne, hélas! ne leur conteste cette vérité, que l'événement a justifiée d'une manière aussi atroce que cruelle; mais pour connoître les conspirateurs et de quelle nature étoit leur conspiration, il faut remonter à la source.

En établissant une chaîne de faits, il ne faudra point une pénétration surnaturelle pour se convaincre, que ces massacres sont l'ouvrage de cette faction dévorante, qui est parvenue à la domination par le vol et l'assassinat.

Quelle que soit l'horreur que m'inspirent ces journées de sang et d'opprobre, je les rappellerai sans cesse aux Parisiens jusqu'à ce qu'ils ayent eu le courage d'en demander vengeance.

La situation de la ville paroissant exiger une surveillance plus active et plus étendue : le conseil général de la commune créa un comité de douze commissaires.

Les partisans des massacres ne diront pas sans doute, que les diamans et les bijoux etc. des personnes arrêtées étoient suspects. Cependant on s'emparoit avec soin des personnes et des choses. Ce seul fait suffit, ce me semble, pour donner la clef des massacres. Quand on demande aux anarchistes pourquoi le comité de surveillance faisoit enlever les propriétés avec les personnes, ils ne savent que répondre.

Les dépôts faits au comité de surveillance provenoient d'effets enlevés aux tuileries et chez les personnes arrêtées, telles que Laporte et Septeuil, ainsi que beaucoup d'autres, qui avoient abandonné leurs maisons et leurs richesses à l'époque des visites domiciliaires, qui ont précédé les massacres.

Les magasins des dépôts étoient les salles même des bureaux du comité de surveillance, c'étoit notoirement dans ce bureau où étoient déposés les malles, boites, cartons, etc., etc. Il y avoit en outre dans cette salle une ou deux grandes armoires qui étoient remplies d'objets précieux. Seulement on avoit placé dans une chambre haute quelques objets peu dignes de l'attention des hommes de proie, tels que pistolets, sabres, fusils, cannes à sabres, etc.

Ce fut dans cette caverne que furent préparés les massacres de Septembre, ce fut dans cet abominable repaire que fut prononcé l'arrêt de mort de 8 mille français, détenus la plupart sans aucun motif légitime, sans dénonciation, sans aucune trace de délit, uniquement par la volonté et l'arbitraire des voleurs du comité de surveillance.

Quelques jours avant les massacres, des membres du comité, effrayés de cette violation des principes, touchés du spectacle affreux d'une multitude de citoyens enfermés à la mairie, qui réclamoient contre leur arrestation, et demandoient à grands cris qu'on leur en fît connoître les motifs, ces commissaires, dis-je, voulurent consacrer le jour et la nuit à les interroger, pour remettre en liberté ceux qui étoient détenus sans grief, et envoyer en prison ceux qui étoient dans le cas d'être traduits devant les tribunaux.

Le 2 Septembre on apprend que la ville de Verdun est prise par les Prussiens qui, ajoutent les colporteurs de cette nouvelle, s'y sont introduits par la trahison des Verdunois après une résistance simulée de leur part; aussi-tôt on tire le canon d'alarme, la générale bat et le tocsin sonne. Des municipaux à cheval courent sur les places publiques, confirment cette nouvelle, font des proclamations, pour exciter les citoyens à marcher contre l'ennemi.

Au premier coup du tocsin, chacun se demandoit avec raison, pourquoi au moindre danger on se complaisait à jetter ainsi l'alarme dans Paris, et à frapper de terreur tous ses habitans; loin d'entretenir dans leur ame cette mâle énergie, qui convient à des guerriers et assure le gain des batailles: n'étoit-ce pas en effet un moyen puissant d'énerver leur courage? Mais ceux qui ne connoissoient pas le secret des conjurés, furent bientôt instruits par leur propre expérience. Oh jour de deuil et d'opprobre! C'étoit à ce signal que devoient se réunir les assassins qui se portèrent aux prisons; c'étoit le prélude du plus affreux carnage.

Les brigands, distribués par bandes, se portent aux prisons; aux unes ils fracturent les portes, aux autres ils se font livrer les Geoliers et s'emparent des victimes, que le comité de surveillance y avoit amoncelées pendant quinze jours.

Ces assassins armés de sabres et d'instrumens meurtriers, les bras retroussés jusqu'aux coudes, ayant à la main des listes de proscription dressées quelques jours auparavant, appelloient nominativement chaque prisonnier.

Des membres du conseil général, revêtus de l'écharpe tricolore, et d'autres particuliers s'établissoient au guichet dans l'intérieur de la prison; là étoit une table couverte de bouteilles et de verres; autour étoient grouppés les prétendus juges et quelques-uns des exécuteurs de leurs sentences de mort. Au milieu de la table étoit déposé le registre d'écrou.

Les assassins alloient d'une chambre à l'autre, appelloient chaque prisonnier à tour de rôle, puis le conduisoient devant le tribunal de sang, qui lui faisoit ordinairement cette question: qui êtes-vous? aussi-tôt après que le prisonnier avoit décliné son nom, les cannibales en écharpes inspectoient le registre, et après quelques interpellations aussi vagues qu'insignifiantes, ils le remettoient entre les mains des satellites de leurs cruautés, qui le conduisoient à la porte de la prison, où étoient d'autres assassins qui le massacroient avec une férocité dont on chercheroit en vain des exemples chez les peuples les plus barbares.

A la prison de l'Abbaye ils étoient convenus entre eux, que toutes les fois que l'on conduiroit un prisonnier hors du guichet en prononçant ce mot: *à la Force*, ce seroit l'équivalent d'une sentence de mort. Ceux qui remplissoient à la force le même emploi, c'est-à-dire, le métier de bourreaux, étoient convenus de même qu'en prononçant ce mot: à l'Abbaye, cela voudroit dire qu'il falloit donner la mort au prisonnier qui étoit condamné. Ceux qui étoient absous par le sanglant tribunal, étoient mis en liberté et conduits à quelque distance de la prison, au milieu des cris de vive la nation!

L'Assemblée législative députa plusieurs de ses membres, qu'elle chargea de rappeller à la loi les brigands, qui s'en écartoient d'une manière aussi atroce: mais que pouvoit le langage de la raison et de la morale sur des assassins altérés de sang, et la plupart plongés dans la plus crapuleuse ivresse? Cette mesure étoit insuffisante; toute harangue devenoit vaine, attendu que, pour dompter des tigres, il falloit de la force armée, il falloit que l'Assemblée sortît toute entière, et qu'elle vînt former autour de chaque prison un rempart inexpugnable. Ils repoussèrent par des menaces tous les avis et les conseils de paix qui leur étoient portés. L'abbé *Fauchet*, évêque du Calvados, membre de la députation, fut menacé, injurié, et peu s'en est fallu que de la menace on n'en vînt aux coups; il vit l'instant, où les assassins alloient le comprendre au nombre de leurs victimes. Il se retira, et vint rendre compte à l'Assemblée, qui étoit elle-même dans la stupeur et l'avilissement, menacée d'une dissolution totale par l'infâme *Robespierre*, qui exerçoit une tyrannie sans bornes dans Paris.

Voyez l'accusation du député Louvet contre Robespierre, publiée dans les premiers tems de la convention; la conduite, que ce faux patriote a tenue à l'égard de l'Assemblée législative, y est montrée au grand jour. On voit un conspirateur audacieux, qui vouloit asseoir la dictature sur les débris de la représentation nationale; cependant Robespierre ne cessoit de parler de ses vertus civiques, de son désintéressement; ce misérable quitta la place d'accusateur public au tribunal criminel de Paris, pour vivre, disoit-il, dans la retraite; il avoit imprimé, qu'il n'étoit point intrigant, qu'il ne vouloit aucune place, qu'il n'en accepteroit aucune, et tout-à-coup il fut se nicher dans le conseil général de la commune et de-là au capitole.

Les prêtres, renfermés dans l'église des Carmes, furent tous massacrés à l'exception d'un seul; on les faisoit sortir les uns après les autres, et souvent deux ensemble; d'abord les assassins les tuèrent à coups de fusils; mais sur l'observation d'une multitude de femmes, qui étoient là présentes, que cette manière étoit trop bruyante, on se servit de sabres et de bayonnettes. Ces malheureuses victimes se prosternoient au milieu de la cour, et se recueilloient un instant, abandonnées de la nature entière, sans appui, sans autre consolation que le témoignage de leur conscience; ils élevoient les yeux et les mains vers le ciel, et sembloient conjurer l'être suprême de pardonner à leurs assassins.

Vous, partisans de ces massacres, conjurés féroces, qui n'avez cessé de tromper la multitude crédule, direz-vous qu'il étoit impossible d'arrêter les bras des assassins? Direz-vous qu'il n'étoit point en votre puissance de les réprimer? Vous avez dit au départe- ment par l'organe imposteur de vos commissaires, que vous n'aviez pu ar- rêter la colère du peuple. Malheureux! vous prostituez le nom du peuple; vous ne l'invoquez que pour le déshonorer et couvrir vos turpitudes et vos crimes! étoit-ce donc le peuple qui commettoit ces forfaits exécrables? Non, il gé- missoit en silence; c'est vous, adminis- trateurs féroces, qui, d'intelligence avec le conseil général de la commune et le ministre *Danton*, avez tout fait pré- parer, tout fait exécuter. C'est vous qui avez fait commettre tous ces crimes par un petit nombre d'affidés, afin de vous enrichir des dépouilles sanglantes de vos nombreuses victimes; c'est vous qui avez fait de Paris le coupe-gorge du riche, et préparé la misère du peuple, en brisant tous les liens sociaux, en tarissant tous les canaux de la circula- tion, en détruisant la confiance publique si nécessaire, si indispensable à la prospérité commune et au bonheur de tous.

S'il n'étoit pas prouvé qu'à vous seuls appartient l'opprobre des premiers jours de septembre, je vous rappellerois deux faits que vous ne pouvez nier. Je vous rappellerois ce payement de 850 liv. fait par ordre du conseil général, au marchand de vin qui fournissoit vos assassins à la force, pendant leur horrible exécution; je vous rappellerois le comité de surveillance, louant, la veille du massacre, les voitures qu'il destinoit et qui ont servi à conduire à la carrière de Charenton les cadavres de Septembre.

Si la garde nationale eût été requise, si on l'eût commandée au nom de la loi, que des chefs perfides et sanguinaires s'appliquoient à paralyser; combien elle eût été forte et courageuse! elle se seroit levée toute entière: mais, cette garde nationale dont la masse est resté pure au milieu de tous les genres de corruption et de brigandage, n'a-t-elle pas craint, qu'on ne l'accusât d'avoir agi sans réquisition? n'a-t-elle pas craint, qu'en voulant punir le crime, on ne l'accusât elle-même de s'être rendu criminelle? Retenue par ces motifs, elle est restée immobile.

J'ai vu la place du théâtre français couverte de soldats que le tocsin avoit rassemblés; je les ai vu prêts à marcher, et tout-à-coup se disperser, parce qu'on étoit venu traîtreusement leur annoncer que ce n'étoit qu'une fausse alerte, que ce n'étoit rien. Ce n'étoit rien, grands dieux! Déjà la cour des Carmes et celle de l'Abbaye étoient inondées de sang, et se remplissoient de cadavres: ce n'étoit rien!

J'ai vu trois cents hommes armés, faisant l'exercice dans le jardin du Luxembourg, à 200 pas des prêtres que l'on massacroit dans la cour des Carmes: direz-vous qu'ils seroient resté immobiles, si on leur eût donné l'ordre de marcher contre les assassins?

Aux portes de l'Abbaye et des autres prisons étoient des épouses éplorées redemandant à grands cris leurs époux, qu'une fin tragique venoit de séparer d'elles; d'autres avoient la douleur de les voir massacrer à leurs pieds.

Le même carnage, les mêmes atrocités se répétoient en même tems dans les prisons et dans tous les endroits où gémissoient les victimes du pouvoir arbitraire: par-tout on exerçoit des cruautés, toujours accompagnées de particularités plus ou moins douloureusement remarquables.

Au séminaire de Saint-Firmin, les prêtres que l'on y retenoit en chartre privée, attendoient paisiblement, comme les autres prêtres détenus aux Carmes, que la municipalité de Paris leur indiquât le jour de leur départ, et leur délivrât des passe-ports pour sortir de France, selon les termes d'un décret tout récent, qui leur faisoit cette injonction, en leur accordant trois livres par jour pendant leur voyage. Il est incontestable, qu'il n'a tenu qu'aux autorités du jour que ce décret eût son exécution avant les massacres; mais les prêtres détenus étoient désignés et réservés pour ce jour. Ils furent mutilés et déchirés par lambeaux. A Saint-Firmin ils trouvèrent plaisant d'en précipiter quelques-uns du dernier étagè sur le pavé.

A l'hôpital général de la Salpétrière, ces monstres ont égorgé treize femmes, après en avoir violé plusieurs.

A Bicêtre, le concierge voyant arriver ce ramas d'assassins, voulut se mettre en devoir de les bien recevoir: il avoit braqué deux pièces de canon, et dans l'instant où il alloit y mettre le feu, il reçut un coup mortel; les assassins vainqueurs ne laissèrent la vie à aucun des prisonniers.

A la prison du Châtelet, même carnage, même férocité: rien n'échappoit à la rage de ces cannibales; tout ce qui étoit prisonnier leur parut digne du même traitement.

A la Force, ils y restèrent pendant cinq jours. Madame la ci-devant princesse de Lamballe y étoit détenue: son sincère attachement à l'épouse de Louis XVI étoit tout son crime aux yeux de la multitude. Au milieu de nos agitations elle n'avoit joué aucun rôle; rien ne pouvoit la rendre suspecte aux yeux du peuple, dont elle n'étoit connue que par des actes multipliés de bienfaisance. Les écrivains les plus féroces, les déclamateurs les plus fougueux ne l'avoient jamais signalée dans leurs feuilles.

Le trois Septembre, on l'appelle au greffe de la Force; elle comparoît devant le sanglant tribunal composé de quelques particuliers. A l'aspect effrayant des bourreaux couverts de sang, il falloit un courage surnaturel pour ne pas succomber.

Plusieurs voix s'élèvent du milieu des spectateurs et demandent grace pour madame de Lamballe. Un instant indécis, les assassins s'arrêtent; mais, bientôt après elle est frappée de plusieurs coups, elle tombe baignée dans son sang, et expire.

Aussi-tôt on lui coupe la tête et les mammelles, son corps est ouvert, on lui arrache le cœur, sa tête est ensuite portée au bout d'une pique, et promenée dans Paris; à quelque distance on traînoit son corps.

Les tigres qui venoient de la déchirer ainsi, se sont donné le plaisir barbare d'aller au Temple, montrer sa tête et son cœur à Louis XVI et à sa famille.

Tout ce que la férocité peut produire de plus horrible et de plus froidement cruel, fut exercé sur madame de Lamballe.

Il est un fait que la pudeur laisse à peine d'expressions pour le décrire;

mais je dois dire la vérité toute entière et ne me permettre aucune omission. Lorsque madame de Lamballe fut mutilée de cent manières différentes, lorsque les assassins se furent partagé les morceaux sanglans de son corps, l'un de ces monstres lui coupa la partie virginale et s'en fit des moustaches, en présence des spectateurs saisis d'horreur et d'épouvante.

Je n'ai plus la force d'écrire. Ce que je puis attester, c'est que les ames sensibles de la Convention firent pendant près de trois mois les plus grands efforts pour la recherche et la poursuite de ces abominables assassins, et que cette motion fut constamment réjettée par les Montagnards; et c'est pour échapper aux lois vengeresses que dans la crainte des plus justes châtimens, ils sont entrés dans la conspiration du 31 Mai, s'imaginant qu'il suffiroit de tuer les humains, pour effacer la trace de leurs crimes.

Quand on songe que c'est sous cette constellation sanglante que commencèrent les travaux de la convention nationale, on doit honorer le courage de ceux qui acceptèrent ce fardeau. La très-grande majorité ne vouloit marcher que dans les sentiers de la justice et de la vertu. La révolution étoit décidée, le trône étoit abattu, une petite minorité dure, arrogante, inepte et féroce voulut révolutionner encore; et le dieu Marat fut mis en avant, et l'apôtre Robespierre, avec ses mains sèches et arides et des mouvemens convulsifs, se cramponna à la tribune, parla de ses vertus, et les partisans d'une démagogie forcenée prirent insolemment le titre de républicains, et firent passer les vrais républicains, les fondateurs de la république, les écrivains purs et généreux pour des fédéralistes: mot qu'ils inventèrent. A la seule vue de ces hommes nouveaux qui ôtoient à la révolution son caractère sacré, je publiai une lettre prophétique où j'annonçois tout à la fois leur horrible triomphe et leur chûte éclatante. L'homme exageré, l'insensé, le sophiste barbare firent taire le philosophe et l'homme d'état; et il faut avouer que le cabinet britannique sut bien choisir ses personnages.

CHAPITRE XIX.

21 Septembre 1792.

Qu'on se reporte à l'instant où la Convention ouvrit sa session. L'assemblée législative venoit de renverser le trône; mais étonnée, étourdie en quelque sorte du grand coup qu'elle venoit de porter, elle ne se sent plus en état de soutenir les destinées de l'Empire; elle laisse à d'autres mains le pénible soin de profiter de la victoire, elle se retire environnée d'honorables ruines. Elle a renversé l'édifice de la monarchie; mais elle n'ose y rien substituer. Dans la personne d'un monarque, elle attaque tous les rois de l'univers; mais cet effort sublime épuise son énergie; elle présente à la

H 2

France la royauté abattue; mais elle n'a point le courage de prononcer le nom de République.

La Convention signala par cet acte courageux l'ouverture de sa session; eh! dans quel tems? Lorsque nous étions sans armées, lorsque nos villes frontières étoient confiées à des royalistes, et par conséquent à des traîtres; lorsque le peuple, attaché à d'anciens préjugés, ne voyoit qu'avec un sentiment d'effroi la chûte de sa monarchie, si long-tems l'objet de son culte et de son affection; lorsque les légions de la Prusse inondoient les plaines de la Champagne, et pouvoient sans obstacle traverser la france; lorsque tout enfin sembloit assurer que l'ennemi alloit sous peu effacer dans le sang de ses auteurs le décret hardi qui transformoit en république un pays envahi, et à demi subjugué par les satellites des rois.

Il falloit défendre notre territoire, créer une armée, élever l'esprit public.

Il falloit, sans finances, avec du papier, combattre ceux qui possédoient les trésors du Mexique. Il falloit opposer des milices naissantes, indisciplinées aux phalanges les plus guerrières de l'Europe; des généraux d'un jour, créés la veille de la bataille, aux plus habiles tacticiens. Ces grandes créations furent l'ouvrage d'un moment. La voix du danger se fait entendre; 800 mille hommes quittent leurs foyers, s'arment, volent aux combats; de nombreux atteliers s'élèvent dans toutes les places; on fabrique le salpêtre, on prépare la foudre, on repousse l'ennemi au-delà de nos frontières; le François arbore l'étendard de la victoire sur le territoire étranger.

Jamais on n'opéra d'aussi grandes choses avec de si foibles moyens; jamais un état ne se trouva dans des circonstances aussi difficiles; divisée dans l'intérieur, attaquée par l'Europe entière, déchirée par le fanatisme et les factions, la Convention nationale a triomphé de tous ces obstacles réunis; elle a forcé l'Anglois à fuir de nos ports dont la perfidie l'avoit rendu maître. Elle a réparé les effets de cette trahison qui, en nous repoussant de la Flandre, ouvroit à nos ennemis les portes de la République, et nous faisoit perdre les fruits de la plus belle des campagnes, et de la victoire la plus signalée. Nos armées triomphantes pénètrent de nouveau dans la Belgique, et le Batave voit bientôt après, au milieu de l'hiver le plus rigoureux, des héros qui savoient braver l'intempérie des saisons, et triompher de la nature elle-même. Les Grecs, ce peuple que les amis de la liberté aiment toujours à citer, parce qu'il nous offre les plus grands exemples, se rapelloient dans l'espace de plusieurs siècles trois à quatre triomphes éclatans; les batailles de Salamine, de Platée, de Marathon retraçoient à l'esprit les magnanimes efforts dont rendent capable l'amour de la patrie, et l'enthousiasme de l'indépendance. Mais les Français en ont plus fait en trois années, que ce peuple justement célèbre n'en a fait en trois siècles. Le Rhin et l'Escaut ont été, presque dans le même moment, le théâtre de leur valeur. Les Grecs avoient à combattre les nations efféminées de l'Asie, des hommes énervés par la douceur du climat et les délices de la vie; et nous, nous avons vaincu ces guerriers du Nord fortifiés par les exercices, les travaux et la discipline la plus sévère.

Quand la renommée publioit par-tout nos triomphes: que pouvoit penser l'univers de ce gouvernement, qui avoit créé une armée de héros, qui organisoit la victoire en vingt lieux différens? Ne se figuroit-on pas une assemblée d'hommes unis des mêmes sentimens, embrâsés du plus ardent patriotisme, étrangers à toute faction et à tout intérêt particulier? Une assemblée dont on eût pu dire ce que le ministre de Pyrrhus disoit du sénat de Rome : eh bien ! ces hommes qui faisoient trembler l'Europe, qui imprimoient au-dehors l'idée de la grandeur, offroient à leurs concitoyens le tableau des plus petites passions : de loin, c'étoit l'éclat de l'olympe et la majesté des dieux ; de près, c'étoit le triste spectacle de quelques vertus impuissantes, des petits combats de l'amour propre et des efforts honteux de la haîne et de la vengeance. On se rappelle quelle fut la surprise des ambassadeurs que Théodore II envoya à Attila : d'après la terreur que son nom imprimoit, ils s'attendoient à voir ce monarque environné de tout le faste de la grandeur asiatique ; ils virent au contraire un homme de petite stature, et dont l'extérieur n'annonçoit rien d'élevé : eh quoi ! s'écrièrent-ils, c'est donc là ce vainqueur des nations ! c'est lui qu'on redoute, qu'on admire, et qui remplit le monde du bruit de son nom ! Un étranger, en voyant notre Assemblée nationale, eût conçu le même étonnement.

Elle a offert dans l'espace de trois années, tour-à-tour, le spectacle de la plus honteuse lâcheté, et du plus courageux dévouement. Tantôt elle nous retraça le sénat de Tibère et de Domitien, et dans d'autres tems nous lui vîmes déployer le grand caractère, la fermeté héroïque du sénat de Rome, lors du sac des Gaulois. Elle eut dans son sein des hommes dignes de l'exécration de tous les siècles, et d'autres, dont Athènes et Sparte se fussent honorées dans leurs plus beaux jours. Elle fut partagée en deux factions : l'une composée d'hommes énergiques, violens, qui vouloient la liberté à quelque prix que ce fût. Les mesures les plus terribles ne les effrayoient pas : ils eussent immolé, sans remords, les deux tiers de la génération, s'ils avoient cru ce sacrifice utile. Convaincus de la perversité du cœur humain, ils se persuadoient que leurs concitoyens n'étoient point capables de faire au bien public le sacrifice, non-seulement de la moindre partie de leur fortune, mais même des distinctions de l'orgueil et des illusions de la vanité; l'expérience n'a que trop confirmé leurs soupçons; elle ne nous a que trop appris que la défiance est le commencement de la sagesse. Ces révolutionnaires ardens et impétueux méprisoient comme pusillanimes les douces et humaines conceptions de la philosophie. Ils pensoient que pour établir un ordre de choses nouveau, il falloit proscrire ou frapper impitoyablement tout ce qui tenoit à l'ancien. L'autre parti avoit à sa tête des hommes qui avoient puisé dans l'étude des sciences, dans la pratique des lettres, ces inclinations paisibles, précieuses dans les tems ordinaires, mais peu propres à soutenir ou à maîtriser les orages révolutionnaires; ils auguroient aussi trop favorablement de leur siècle; ils pensoient que nos malheurs sont moins le résultat de notre dépravation, que l'effet de nos erreurs, et que pour faire aimer le bien aux hommes, il s'agissoit seulement de le leur montrer.

Il existe un intervalle immense entre l'étude des livres et le commerce de la vie. Le philosophe dans sa retraite se crée un monde imaginaire, qui ne ressemble pas plus au monde réel, que l'élisée ne ressemble au Tartare. Ceux dont nous parlons, vouloient le gouvernement républicain, mais ils avoient en horreur les moyens de leurs adversaires; ils le vouloient avec le moins de calamités possibles; ils ne croyoient pas qu'il fallût immoler des victimes humaines sur l'autel de la liberté, ils avoient donné au peuple la première impulsion; mais ils pensoient qu'il étoit facile de le diriger et de l'arrêter à son gré. Ils ne pensoient pas qu'il est bien plus aisé d'exalter les passions, que d'y mettre un frein, de provoquer les insurrections, que de rétablir le calme, et que l'on ne dit pas à une grande nation, après avoir employé tous les moyens pour l'irriter, comme l'éternel dit aux flots de la mer : vous viendrez jusqu'ici, et vous n'irez pas plus loin — *Usque huc venies, et non procedes amplius.* — S'ils avoient pu maîtriser les événemens, le passage du despotisme à la liberté n'eût été marqué ni par ce triste éclat de la foudre, ni par le spectacle des dévastations. Ils eussent pu, en terminant la carrière révolutionnaire, s'applaudir comme Périclès, en terminant celle de sa vie, de n'avoir fait porter le deuil à personne. Mais ils ne purent ni arrêter l'effusion du sang, ni sauver leurs propres têtes.

Entre ces deux partis, se trouvoit une foule d'êtres sans énergie, sans caractère, toujours prêts à se ranger sous la bannière du parti triomphant. Le sang couloit-il comme l'eau des torrens? ils gémissoient en secret, mais c'est tout ce qu'ils étoient capables de faire. On eût immolé à leurs yeux leurs fils, leurs pères, leurs frères; ils se seroient tenu cachés de crainte que leurs larmes trahissant leur douleur, n'eussent éveillé les soupçons de la tyrannie. Quelques autres, ambitieux et féroces, ne voyoient dans la révolution que des moyens de fortune ou de célébrité. La réputation a des charmes qui séduisent tous les hommes; mais beaucoup s'en font une bien fausse idée. Ils veulent à toute force qu'on parle d'eux. Ils veulent acheter la renommée à quelque prix que ce soit. Ne pouvant devenir illustres, ils tâchent de se rendre fameux. Les annales du monde nous transmettent également les noms des destructeurs des empires, et ceux de leurs fondateurs. On se souvient de Gengiskan comme de Romulus. On y vit aussi des foux qui avoient pris à tâche de violer toutes les règles de la décence, et dont le cynisme extravagant n'eût dû exciter que la pitié, s'il n'eût pas été un masque hypocrite. Mais un nouveau Socrate eût facilement distingué ces Antisthènes au travers des trous de leurs manteaux. Ils eurent cependant des sectateurs. Le mépris de toute convenance, la grossièreté dans le langage et les manières, devinrent sous leurs auspices les caractères du patriotisme. La politesse, l'urbanité, les égards furent proscrits comme des restes d'esclavage; dans peu de tems, nous ne l'aurions pas cédé en barbarie aux Caffres ou aux Nègres de Guinée. Au milieu de ces philosophes patriotes, et de ces républicains sanguinaires, de ces petits ambitieux, et de ces cyniques extravagans, s'éleva un homme qui, avec l'ame la plus étroite, les moyens les plus bornés, parvint à exercer le plus affreux et le plus inconcevable despotisme. Il n'eut ni ces avantages extérieurs qui captivent le vulgaire, ni ces qualités brillantes qui commandent même l'admiration du sage: avec le petit manège de l'hypocrisie, avec ces petits artifices qu'un grand caractère dédaigne, il devint l'idôle de cette multitude incapable de discerner la vertu et d'estimer le vrai mérite. Le sentiment de sa médiocrité le rendoit l'ennemi de tout ce qu'il y avoit d'élevé. Le génie, le talent, les connoissances étoient aux yeux de ce nouvel Omar des titres de proscription; c'est sous sa domination farouche que nous vîmes périr la plupart de ces hommes qui honoroient leur pays, et que l'étranger nous eût enviés. Le rôle que ce tribun a joué parmi nous, sera pour la France un sujet éternel d'opprobre. Le joug est bien moins honteux quand ceux qui nous l'imposent, ont sur nous une supériorité à laquelle il paroît en quelque sorte impossible de résister. On croyoit qu'il falloit de grandes qualités pour opérer même de grands crimes. Les fléaux des nations se présentent toujours à nos yeux sous des traits imposans. Cependant, dans le monde moral, comme dans le physique les qualités malfaisantes ne sont pas toujours l'apanage de la force. Le serpent qui rampe sous l'herbe est plus dangereux que le lion qui déploye une terrible majesté. Nous aurions bien des reproches à faire à la nature, si les talens supérieurs accompagnoient toujours ou même souvent la perversité.

Cet homme à qui la postérité assignera le rang qu'il doit tenir, mais qu'elle ne placera certainement jamais parmi ceux dont les vices éclatans excitent à la fois l'horreur et l'admiration, fit complettement l'épreuve de notre excessive lâcheté. Pendant près de deux années tout céda à ses desirs atroces, et il eût étendu bien plus long-tems son odieuse domination, s'il n'eût mal-adroitement désigné les victimes avant de les frapper. Il périt: la crainte fit ce que le patriotisme auroit dû faire. Il périt, et il ne reste rien de lui que le souvenir de ses crimes et de l'humiliation dont il a couvert son pays.

Il ne nous reste de Robespierre aucun trait qu'on puisse citer. Tout décéloit en lui un caractère pusillanime, une ame sombre et défiante, des conceptions barbares et des projets insensés. On n'oubliera point qu'il eut la manie de vouloir créer une religion nouvelle et d'en exercer le ridicule sacerdoce. Cette scène burlesque qu'il nous peint comme le plus beau jour de sa vie, ne lui laissa pas long-tems d'agréables souvenirs. Il prouva en mourant la justesse du mot de Cromwel, on vit plus de monde entourer son échaffaud que l'on n'en avoit vu à l'autel où il s'érigea en pontife de l'être suprême. Ce n'étoit point assez d'avoir abattu ce tyran farouche, il falloit vaincre la faction qu'il s'étoit attachée; il falloit contenir cette multitude à laquelle il distribuoit des spectacles et des basses flatteries; il falloit lui ravir le pouvoir qu'elle avoit exercé sous son tribun. Les moyens qu'on employa ne furent pas, comme l'expérience l'a prouvé, calculés sur les règles d'une bien saine politique. Pour écraser la démagogie, on donna un funeste ascendant aux ennemis de la république. Ceux qui ont défendu la Convention dans les journées de Prairial, croyoient travailler pour le rétablissement du trône. Ils songeoient à écraser le peuple, en attendant qu'ils pussent écraser la Convention elle-même.

On vit bientôt une jeunesse lâche, efféminée, déserter les frontières, pour venir opprimer, assassiner les patriotes, les plus anciens amis de la liberté: ces vils Sybarites, à qui le seul nom de république imprimoit la terreur, effaçoient, proscrivoient par-tout les signes et les emblêmes de l'indépendance. Aux chants de la victoire, on substituoit les cris atroces de la vengeance. Par-tout on demandoit des victimes, on vouloit faire un hécatombe de tous les républicains.

Tel étoit du moins le vœu horrible qu'on ne craignoit pas de faire entendre dans les spectacles, dans les places publiques. Dans tout le midi on commettoit les plus affreux massacres. On sentoit bien qu'après avoir immolé tous les patriotes, le rétablissement du trône devenoit bien facile. Enfin on crut le moment arrivé, et la conspiration du 13 Vendémiaire démasqua cette faction qu'on avoit trop ménagée, et dans les mains de laquelle on avoit mis indiscrettement des armes. La Convention termina sa carrière par la plus importante des victoires. Elle créa la liberté en ouvrant sa session : elle ne se retira qu'après l'avoir sauvée. Voilà ce qu'elle pourra opposer à ses ennemis et à ses détracteurs. La prévention, l'animosité pourront aveugler les contemporains; mais la postérité lui rendra justice. On sentira qu'il n'étoit pas possible de faire une révolution qui heurtoit tant de passions, tant de préjugés sans secousses. Ce n'est point la froide sagesse qui préside au milieu des orages politiques; mais l'enthousiasme, les passions fortes, le fanatisme même. Le philosophe s'afflige en silence des calamités humaines du fond de sa retraite; il indique les moyens d'y remédier; mais les dominateurs, ces hommes avides de titres ou de richesses, ne se dépouillent pas, à la voix du sage, des biens ou des distinctions qu'ils ont usurpés. Ce n'est point assez qu'il y ait des philanthropes qui écrivent: il faut des hommes ardens qui soient capables d'agir. Les intérêts privés prennent souvent, il est vrai, la place de l'intérêt public; mais par-tout où il y aura des hommes, on remarquera dans leurs ouvrages l'empreinte de la foiblesse de leur nature, et nous ne devons pas espérer que le monde soit jamais gouverné par des intelligences célestes.

Notre révolution a sans doute entraîné de bien grands malheurs; mais le passé n'est plus en notre pouvoir; travaillons pour l'avenir, en mettant nos fautes à profit. L'adversité doit être pour les nations, comme pour les particuliers, une source féconde d'instruction. Nous avons passé par toutes les épreuves; nous avons offert le spectacle de tous les excès, de tous les genres de folie. Mais ces scènes affligeantes ont été compensées par les traits les plus propres à honorer l'espèce humaine.

Aucun peuple ne porta plus loin l'enthousiasme de la liberté, ne donna plus de preuves de courage, de dévouement; nous aurions opéré les plus grandes choses, si l'on avoit su tirer tout le parti possible de notre caractère impétueux, sensible, passionné. Quoique mal dirigés nous avons résisté à l'Europe entière; nous avons terrassé toutes les factions, malgré l'inconstance et la légèreté qu'on nous reprochoit, nous nous sommes montré fermes et opiniâtres dans la défense de nos droits. Il est tems maintenant de nous arrêter; de plus longs orages nous feroient perdre le fruit de nos travaux. Il est tems d'offrir à l'Europe le spectacle d'une grande république créée au milieu des tempêtes, qui a déployé dès sa naissance la plus grande vigueur, et qui peut se promettre les plus hautes destinées.

Chapitre XX.

Bonnet rouge.

Etendard de perfection jacobinique! ce ridicule ajustement fut adopté par une espèce d'imbécille représentant du peuple qui le tint constamment sur sa tête. Il essaya de parler un jour à la tribune, sans ôter son bonnet, le côté droit se fâcha; il prit son bonnet rouge et le plaça sur le buste de Marat; ce trait d'esprit lui avoit été soufflé à l'oreille.

Les égorgeurs qui, après avoir assassiné sous le nom de patriotes en 1793, avoient continué leurs crimes après Thermidor sous la bannière du royalisme, avoient voulu en faire la coëffure française; on vouloit bien du bonnet, signe de la liberté, mais non de sa couleur rouge, emblème du sang. Le bonnet fut hissé dans tous les spectacles, il couvroit toutes les têtes dans les comités révolutionnaires. Ce fut sous ce bonnet rouge que fut composée l'extravagante constitution de 1793. C'étoit le signal de l'anarchie, c'étoit le casque de Henriot, c'étoit le diadême de Chaumette: le parti montagnard, sans trop l'admettre, sans trop le rejetter, aimoit à voir que ses bourreaux s'en parassent, comme d'un ornement qui n'annonçoit rien de gai.

Les femmes révolutionnaires, désignées sous le nom de furies de guillotine, parcoururent tout Paris coëffées de ce bonnet, et présentèrent une adresse pour offrir de monter la garde, de faire le service du canon, pendant que leurs maris iroient combattre les ennemis de la république. Cette extravagance fut applaudie avec enthousiasme par tous les porteurs de bonnets rouges.

Chabot, cet odieux capucin qui arriva un jour à la Convention dans le sale costume des sans-culottes, la poitrine débraillée, les jambes nues, en sabots, tenoit honteusement le bonnet rouge à la main. Mais ce fut sous ses auspices que la Commune osa demander que la loi martiale fût abrogée, pour faire place à un systême d'assassinat qui devoit moissonner sans aucune distinction, le pauvre, le riche, tous ceux qui desiroient vivre d'après des principes de justice et de vertu, et réaliser le projet des deux cent cinquante mille têtes coupées du fameux Marat.

On fit de ce bonnet rouge une espèce de drapeau contre les fédéralistes. Le fédéralisme avoit été une fable imaginée pour faire retomber sur la tête des députés détenus la responsabilité de tous les malheurs dont à chaque instant on apportoit les nouvelles à la Convention. On vit une multitude de sections et de communes des environs de Paris défiler dans le sein de la Convention, tambour battant et criant: vivent les sans-culottes! vive le bonnet rouge! ce fut à la suite de ces vociférations que le parti montagnard décréta que tous les députés arrêtés seroient transférés dans une maison nationale. Ils n'en sortirent que pour aller à la mort.

On vit un membre du conseil général révolutionnaire coucher avec le bonnet rouge, et insulter à qui ne le portoit pas; il se nommoit Jacques Roux, prêtre apostat, qui se chargea de conduire Louis XVI au supplice, à la place du bourreau, qui se contenta d'attendre sa victime à l'échaffaud. Il étoit encore plus féroce et plus incendiaire que ses collègues, tellement qu'il les effrayoit eux-mêmes. Il déshonora le bonnet rouge; peu-à-peu les plus forcenés rougirent de cet emblême; il ne disparut point entièrement, mais on le mit aux trois couleurs. On le voit encore tel dans plusieurs spectacles.

CHAPITRE XXI.

Le Comité central de l'Évêché.

Si l'on pouvoit douter un instant de la part active que les étrangers ont eue dans nos affaires, en soudoyant plusieurs chefs des jacobins, et en poussant les autres aux crimes, il ne faudroit que jetter les yeux sur le Comité central de l'Évêché qui se trouve formé tout-à-coup comme par enchantement, qui se dit investi des pouvoirs illimités de toutes les sections de Paris, qui déclare cette ville en insurrection, et arrête que les barrières seront fermées.

La plupart des membres qui composoient ce Comité, n'étoient pas Français : on y remarquoit ce Gusman Espagnol dont j'ai tiré tant d'aveux lors de ma captivité, et qui s'intéressoit à mon sort au point qu'il vouloit me sauver, en me séparant de mes collègues, ce que je refusai constamment.

Le Suisse Pâche, le Belge Dubuisson, le Neufchatellois Marat, l'ex-capucin Chabot, beau-frère de deux Autrichiens, voilà ceux qui nommèrent Henriot commandant provisoire de la force armée, et qui donnèrent quarante sols par jour aux sans-culottes qui resteroient sous les armes. Ils peuploient aussi les tribunes de leurs insolens agens. Ils déchaînèrent l'anarchie qui alloit les dévorer, et ce qu'il y a de plus incroyable, c'est qu'en frappant ces coups, en dissolvant la réunion conventionelle, ils vouloient que cette dissolution eût l'air de venir de la Convention elle-même.

Le tocsin étoit dans la main de ce comité. Barrère le flatta de ses vils mensonges; Robespierre le regardoit comme son piédestal, et nous, hommes probes et éclairés, nous avions beau dire à la Convention et à la Montagne : c'est à vos têtes qu'on en veut; ne voyez-vous pas le féroce Henriot, il réflête les complots du cabinet britannique, il tient à la main la mèche allumée, qui va embrâser le canon qui fait face au palais national. Hérauld-de-Séchelles est un traître, un perfide qui s'entend avec lui. Les jacobins aveuglés par la haîne et la férocité de leur caractère aimèrent mieux le despotisme de Henriot, le chapeau sur la tête et l'insolence sur le front, que les vertus de Vergniaud, de Gensonné, de Barbaroux, de Brissot; et le servile instrument des cruautés de Robespierre, Couthon, fit de tous les montagnards, les complaisans satellites d'un Henriot qui crioit que le peuple souverain étoit debout. Ce fut donc la Montagne qui approuva la conduite de la Commune, et qui humiliée elle-même par la plus insolente audace, sanctionna la violence de quelques obscurs démagogues, et prépara ce déluge de maux dont la france va être inondée.

Où étoit donc cette vertu républicaine, qui sembloit ne consister qu'à égorger ses collégues républicains, à créer les mots de fédéralisme et de fédéralistes, à les faire répéter par les tricoteuses, sœurs des furies de guillotine, à propager ces expressions magiques et sanguinaires, dont les scélérats, qui s'en servoient, n'étoient pas les dupes; ils auroient poussé sous la hache de la tyrannie décemvirale, jusqu'au dernier député prisonnier. Et qu'on ne dise point que la journée du 9 Thermidor a sauvé ces députés républicains. Les 73 députés qui seuls avoient fait leur devoir et protesté contre l'anarchie, languirent encore dans les prisons pendant près de quatre mois. Et les Parisiens qui haissoient tout ce qui tenoit à la république, n'osèrent les délivrer; il fallut que la Convention entière, placée sous le joug de la honte et de l'infamie, les rappellât dans son sein, pour ainsi dire, malgré elle.

Ton poignard, ô Tallien! tu le réservois à ton bourreau, mais tu n'as pas su t'en armer pour les vrais républicains; tu as sauvé ta tête, et tu n'en voulois point sauver d'autres. Que t'importoit après cela les députés probes qui gémissoient dans les cachots?

Après cette indifférence coupable, où le parti républicain fut constamment attaqué ou menacé, qu'on ne s'étonne plus des journées de *Prairial*, de *Germinal*, de *Vendémiaire*; elles n'auroient point eu lieu, si le parti victorieux le 10 Août, eût obéi à ce que lui commandoient également la justice et l'amour de la république; mais le froid et dur égoïsme assimila les représentans hors du glaives, à ces lâches qui, sauvés d'un péril commun, abandonnent leurs proches, parce qu'il leur en coûteroit un léger effort, pour terrasser quelques brigands.

Tallien! tu te levas ainsi qu'un grabataire poltron se lève enfin quand le feu prend à la paillasse de son lit; tu représantas en comédien dans la *tragédie* qui finit le règne de Robespierre, mais tu n'en fus pas l'auteur; et la tyrannie décemvirale, les montagnards tentèrent même alors de la renouer. Voilà la vérité.

Chapitre XXII.

La Semaine mémorable.

On appelle ainsi ce court espace de tems qui fut marqué par des événemens tels qu'on n'en vit jamais chez aucun peuple ni dans aucun pays. La détention de onze gardes françaises, qui par le refus patriotique qu'ils avoient fait de tirer sur le peuple, avoient encouru la disgrace de la cour, porta le peuple à s'armer. Les officiers du régiment des gardes avoient frémi de rage, lorsqu'ils virent ces braves soldats poser les armes. Le peuple reconnoissant força la prison de l'Abbaye St.-Germain-des-Prés, et tous les prisonniers furent élargis. On porta le buste du duc d'Orléans, et l'on ne conçoit pas aujourd'hui, ni quel étoit le plan, ni quel étoit le but de ce prince; il faut qu'il n'en ait eu aucun, ou bien on doit le considérer comme le mannequin le plus automate qui ait figuré dans aucune histoire. Après avoir été le jouet du cabinet britannique, il le fut de tous les factieux. On eût dit qu'il falloit le violenter et le porter assis sur le trône, afin qu'il fût dit qu'il y étoit monté malgré lui. Le blasement de son corps influoit sans doute sur son esprit, puisqu'il se montra tout à la fois si crédule et si insouciant; il laissoit agir sous son nom une faction dont il n'étoit peut-être pas, et qui, changeant elle-même de principes et de vues, et surtout divisée entre elle, ne manqua point de faire couper la tête à un chef aussi inhabile qui par avarice avoit dépensé des trésors, et avoit regardé le diadème comme une métairie que l'on achète à prix d'argent.

Le dimanche 12 Juillet, les courtisans marchoient tête levée dans la galerie de Versailles; ils sourioient d'allégresse à la seule idée de la prochaine destruction de la capitale; le dimanche suivant ils étoient humiliés, se parloient bas. Le roi avoit pris la cocarde nationale, étoit venu à Paris, avoit passé sous la voûte d'acier, c'est-à-dire, sous trente mille piques ou épées croisées dans une longueur de huit cens pas. Les courtisans étoient ébahis de tous ces événements rapides; et si l'on eût gardé le roi à Paris, démoli et rasé le château de Versailles, ainsi que je l'avois proposé, jamais un espoir coupable ne seroit rentré dans tant de cœurs effrayés, qui se remirent peu à peu de leur épouvante, et qui regardèrent la révolution comme un torrent qui avoit déjà cessé de couler.

Le château de Versailles resté debout, donna de l'audace à tous les esclaves de cour et alimenta leur perfidie; et comme les peuples tiennent sur-tout aux signes, et aux signes apparens, si le domicile des rois eût été détruit, ainsi que l'ordonnoit la prévoyante politique, le monarque et sa cour se seroient dit: que l'acte insurrectionnel étoit sérieux et décisif, et ils auroient pris leur parti, et tout le sang qui a coulé seroit resté dans les veines des généreux Français.

Ma voix fut rejettée; parce qu'on dit que je ne faisois cette motion que pour accomplir une sorte de prophétie que j'avois faite sur le château de Versailles, lorsque je peignis dans un rêve l'ombre de Louis XIV arrosant des pleurs du repentir une dernière colonne à moitié brisée de son orgueilleux et coûteux monument.

J'oserai dire que la vue de ce palais a nourri constamment l'espoir des puissances coalisées en apprenant qu'il étoit soigneusement entretenu et presque dans son ancienne splendeur. Les princes étoient parvenus à faire croire à la multitude, que le roi n'étoit qu'absent et à la chasse.

Il auroit fallu frapper l'esprit des peuples par cette grande destruction, disperser au loin les matériaux de ce superbe palais, en bâtir une petite ville; et de même que l'oiseau de proie qui après avoir perdu son nid, ne trouve plus rien à empoigner dans ses serres redoutables, la cour du tyran auroit dit: nous sommes tout à fait vainçus. Versailles n'est plus!

Le religion elle-même qui n'a plus de temple erre vagabonde et désolée: qu'eût-ce été de la royauté? lorsqu'arrachée de sa base, isolée, circonscrite, elle eût été forcée de prendre racine sur un pavé qui n'étoit plus de marbre et sous des voûtes qui n'annonçoient plus ni éclat ni magnificence.

Le château de Versailles étoit le vêtement d'un grand roi, d'un roi superbe et puissant; il ne devoit plus y avoir de roi puissant et superbe; il falloit donc dans ces circonstances uniques écouter la voix du rêveur pénétré du profond sentiment du danger réel qu'il y avoit à laisser subsister un château centre de toutes les opérations politiques, et dont le nom réveilloit de près, comme de loin, des idées entièrement discordantes avec un ordre de choses si nouveau, et qui devenoient nécessairement impérieuses ou nulles.

Ce fut la fougue impétueuse du peuple qui détermina tous ces grands mouvemens; parmi les blessés on compta beaucoup de septuagénaires et des enfans de douze ans. En deux jours de tems la ville avoit pris tout l'appareil d'une immense ville de guerre. On ne faisoit que toucher aux murailles, et elles tomboient. De gros canons furent enlevés aux invalides comme par enchantement, et sans l'avoir appris, chacun savoit faire l'exercice et manier les armes.

CHAPITRE XXIII.

Garde Nationale.

Cette création fut un prodige; ce qui prouve que les hommes font toujours plus par leur volonté, que par leur intelligence, et que dans les grandes révolutions, ce n'est pas l'esprit qui vaut, c'est le caractère.

Tous les rois de France l'un après l'autre auroient entrepris l'étonnante création de cette garde nationale, que non-seulement ils auroient échoué dans leur projet, mais qu'ils y auroient tous péri.

On vit l'élan d'un grand peuple, qui désormais ne vouloit plus être gouverné par un pouvoir arbitraire. L'ancien régime fut aboli dès ce jour-là, et il parut manifeste à tout homme fait pour réfléchir que la royauté ne pouvoit plus s'amalgamer avec une douzaine de capitales subitement enflammées du feu sacré de la liberté et prêtes à répandre leur sang pour repousser et écraser à jamais l'insupportable oppression qui les avoit fait gémir tant de siècles.

Ce courage préludoit aux victoires qui en Allemagne, et sur-tout en Italie ont décidé que la grande nation étoit faite pour se gouverner elle-même. Supposez Henri IV, Louis XIV et Charlemagne : l'explosion une fois faite, il n'appartenoit plus à leur valeur ou à leur génie d'en arrêter la force et la majesté.

L'autorité royale avoit été véritablement avilie par l'histoire du collier. Mais ici le monarque fut vaincu, comme si l'on eût arrêté Charles IX prêt à faire feu sur ses sujets. Tout parisien vit l'arquebuse bandée à Versailles. Le cri général (il faut l'avoir entendu,) demandoit le renversement du trône ; il étoit impossible au plus poltron de ne pas satisfaire à ce cri terrible: tout marcha jusqu'au poëte, et il s'agissoit en ce jour de renoncer au roi, ainsi que dans les révolutions religieuses une partie de l'Europe renonça au pape.

Si ce fut avec l'établissement des armées permanentes que commença la servitude, on sentit qu'il falloit recréer les milices bourgeoises pour que les princes ne vinssent plus à triompher par la force. Mais ce qui est inconcevable, c'est que la garde nationale fut l'ouvrage d'un clin d'oeil, il n'y eut ni plan, ni projet, ni détermination. On cria: tout parisien est soldat, et la France répéta : tout Français prendra les armes.

L'ennemi de la liberté corrompit bientôt cette institution avec des uniformes, des bonnets et des épaulettes, on établit, comme dans les régimens, de ces distinctions toujours chères à ces stipendiés qui volent sous le commandement d'un seul pour se battre contre la patrie. On voulut séparer la garde nationale de la nation même, et le projet de Lafayette sembloit être de la soumettre immédiatement à un commandant dévoué tacitement au roi. Mais tout roi est l'éternel ennemi de la liberté du peuple, et la garde nationale n'étoit armée que pour la défense de la souveraineté nationale.

Ces ornemens extérieurs inspirèrent beaucoup de fierté et donnèrent de la morgue à quelques sots individus; mais ils lièrent le bourgeois riche à la classe des pauvres, et l'orgueil le plus ridicule servit à son insçu, l'esprit d'un peuple libre.

Le lion est terrible et poltron tout à la fois: s'il manque sa proie en s'élançant, il s'éloigne honteux, il n'attaque jamais en face: il ressemble au despote. Louis XVI fut comme le lion.

Chapitre XXIV.

Sécurité.

Tandis que les Prussiens étoient en Champagne, et lorsque Dumouriez ne se promettoit pas moins de pénétrer jusqu'à Paris, et que son dessein étoit de disperser la Convention: qui ne croiroit pas que l'alarme la plus profonde fût alors dans tous les esprits? Point du tout; les spectacles, les restaurateurs également pleins, n'offroient que des nouvellistes tranquilles. Toutes les menaces orgueilleuses des ennemis, nous ne les entendions pas; leurs espérances meurtrières, nous étions loin d'en avoir la moindre idée.

La capitale, soit par sa masse, soit par un sentiment de sa force, s'est toujours cru inattaquable, à l'abri de tous les revers des combats, et faite pour en imposer à ses ennemis. On rioit, pour ainsi dire, du plan de défense comme absolument inutile, vu qu'on n'oseroit jamais attaquer la grande ville.

Ce stoïcisme fut un des plus grands remparts de la liberté. Etoit-il l'effet de l'ignorance, ou d'avoir perdu dans un calme de plus de cent cinquante années toute image de guerre.

Jamais le peuple ne fut profondement intimidé, ni par le repas des gardes du corps où l'on peignoit Antoinette sous le nom de tigresse d'Allemagne, tenant le Dauphin dans ses bras, et provoquant les plus sanglantes hostilités, ni par la fuite du roi qui sembloit dissoudre tout gouvernement, ni par la prise de Verdun, ni par les manifestes de tous les rois de l'Europe. Il fut impossible de faire entrer chez lui la terreur de l'ennemi; et il ne l'auroit pas connue sans la tyrannie décemvirale, qui fit plus de mal à la liberté et à la patrie, que toutes les armées de Pitt et de Cobourg.

Ces deux noms, à force d'être répétés, on les tournoit en ridicule; il faut avoir été témoin de cette impassibilité pour le croire. Tandis que dans l'Europe entière on disoit: „c'en est fait de Paris! fût-ce „le dernier des Bourbons, on en remet„tra un sur le trône," le peuple qui avoit enlevé le canon des invalides et quarante mille fusils en trois heures de tems, ne conçut point, n'imagina point la possibilité d'un danger. Il se mit à adorer Marat, à exalter Robespierre, à croire à Chaumette; et les Dumouriez, les Custine, les Miranda, les Dampierre, les Beurnonville, les Kellermann, qu'ils fussent traîtres ou fidelles à la cause publique, ne lui inspirèrent aucune crainte, aucune inquiétude; il vit de sang-froid; l'érection d'un tribunal révolutionnaire et fort de l'appel au peuple de trois cent mille hommes nécessaires pour complétter les armées de la république, il continua paisiblement d'aller à l'opéra. Le rideau se leva exactement à la même heure, soit qu'on coupât soixante têtes, soit qu'on n'en coupât que trente.

CHAPITRE XXV.

Commune de Paris.

Il est difficile d'expliquer comment s'est formée l'épouvantable autorité de la Commune de Paris, la Gironde l'avoit dénoncée, l'avoit attaquée; un troupeau de femmes formant une société particulière qui s'étoit intitulée société fraternelle, parcouroit les rues avec un drapeau à leur tête, en invitant le peuple à se porter avec elles à la prison de l'Abbaye, pour en tirer *leur bon magistrat.* Lorsque Hébert fut arrêté, ce fut une puissance qui s'éleva tout-à-coup. Les Jacobins en firent une Convention nationale, et on eut beau prouver un attentat aussi lâche et aussi épouvantable, les sicaires siégeant à l'hôtel-de-ville, ayant pour eux les coriphées du parti opposé à la Gironde dirent aux Parisiens : égorgez amis, égorgez, emprisonnez ; car Collot d'Herbois veut que le canon d'alarme soit tiré, que la statue de la liberté soit voilée. On vit les parisiens soutenir cette infernale assemblée, cette caverne d'anarchistes et de voleurs, se faire défenseurs de tous ceux qui ne vouloient point rendre compte de toutes les richesses enfouies chez eux au 2 Septembre ; et il falloit, pour parvenir à la dissolution totale de la représentation nationale, anéantir la Gironde.

L'esprit de Paris fut alors de rendre la Commune indépendante de toute autre espèce de pouvoir, d'en faire le centre de sa domination et la souveraine de la république. Ce fut ce malheureux esprit qui aveugla les parisiens. La tourbe de la populace prit le dessus, et fut soulevée : Chaumette en devint le roi ; et ce petit homme qui avoit été *mousse*, et ensuite *homme de lettres*, qui m'écrivit trois lettres pour obtenir une place de précepteur, rejetté comme un pourceau monacal, rivalisa Robespierre, et l'auroit culbuté sans une mesure violente qu'il osa prendre, et qui le perdit lui-même. L'Espagnol Gusman étoit son ministre, et il m'a avoué, confessé dans les prisons de la Force et devant témoins, que l'insurrection du 31 Mai et des jours suivans, avoit été dirigée par la Commune contre la représentation nationale toute entière, et qu'on auroit fait disparoître également les chefs des jacobins, Robespierre, Marat, et les Girondins. La Commune avoit l'intention d'usurper tous les pouvoirs.

CHAPITRE XXVI.

Sections.

L'histoire aura peine à décrire les imprécations insolentes d'une foule d'énergumènes qui, dans les sections, appelloient à grands cris le désordre et l'extermination: elles formèrent le conseil de la Commune, où tout ce que l'extravagance et la dépravation humaine pouvoient imaginer de plus vil et de plus atroce se débitoit chaque jour contre ceux des citoyens de Paris qui avoient quelques moyens d'exister: on s'y battoit à coups de chaises, mais on n'en vint jamais aux mains tout de bon. Ces misérables, après quelques débats entre eux, se réunissoient pour faire triompher la Commune de la Convention; tous leurs conciliabules tendoient à perpétuer les atrocités révolutionnaires. Il sortoit de ces conciliabules des pétitions tout à la fois si ridicules et si séditieuses, qu'Isnard, président de la Convention, comme fatigué et harassé des clameurs de ces sections, déclara au nom de la France, que si jamais on portoit atteinte à l'inviolabilité de la Convention au milieu des citoyens de Paris, on viendroit un jour sur les rives de la Seine chercher la place où cette ville auroit existé. On ne sauroit imaginer le cri que poussèrent tous les conspirateurs à cette déclaration énergique. On ne répétoit plus dans Paris que ces mots: *la Convention veut détruire la capitale.* Les jacobins firent semblant de partager les fureurs des sectionnaires; Hébert devint un patriote par excellence, un bon magistrat; l'auréole de Marat devint plus brillante. On cassa la commission des douze, et ce fut-là le signal de l'anarchie complette. Le ministre de l'intérieur, Garat, se rangeant par crainte du côté des scélérats, affirmoit que tout étoit tranquille, qu'il n'existoit point de conspiration; et tous les poignards étoient aiguisés! Un des chefs, Hébert, avoit été mis en liberté; ce fut un véritable triomphe pour cette assemblée de séditieux, et le présage certain de la mort ou de la proscription de ses ennemis. A son arrivée, le bas peuple le couvrit de couronnes et de palmes civiques qu'il alla déposer modestement sur les bustes de Jean-Jacques Rousseau et de Brutus: ils se trouvoient réunis dans le temple de la plus impure démagogie. Ce fut pour avoir fait arrêter trois ou quatre séditieux chargés de crimes, que la commission des douze a été couverte d'opprobre, que la plupart de ses membres ont été traînés à l'échaffaud, et que les autres n'ont échappé à la mort qu'en se cachant dans des cavernes, dans des bois, ou en se sauvant dans une terre étrangère. La révolution du 31 Mai se fit pour venger une horde d'assassins.

Parmi les audacieux commissaires des sections, on trouve constamment trois ou quatre étrangers, et autant d'escrocs, toujours prêts à faire déclarer la ville de Paris en insurrection contre la tyrannie. Les commissaires, jusqu'au 13 Vendémiaire, déclarent: que le peuple est fatigué de la servitude, dans laquelle on le retient, qu'ils sont chargés de manifester sa volonté souveraine.

Qu'on se peigne à ces différentes époques les citoyens effrayés, lorsqu'ils entendent battre la générale et sonner le tocsin, se lever, sortir de chez eux pour savoir ce que signifie tout ce bruit, ne rien apprendre, marcher tout armés dans divers quartiers, entourer quelquefois la Convention de trente à quarante mille hommes, ignorant la plupart pourquoi on les avoit rassemblés.

On a vu toute la ville de Paris sous les armes, sans savoir pour quel motif; on voyoit des écharpes municipales parcourant les faubourgs, et les invitant à marcher au nom du peuple souverain. Un Henriot faisoit rouler les canons de tous les points et sur tous les points; les canons rouloient, rentroient, sortoient le lendemain, lorsque le parti montagnard hurlant et vociférant avoit fait décréter que les sections de Paris avoient bien mérité de la patrie.

C'étoit bien une misérable comédie que le jeu d'une telle journée, mais elle devoit se métamorphoser pour toute la France en une source intarissable des plus horribles calamités.

Tous les habitans d'une ville aussi immense que Paris, appellés aux armes, donnèrent à la Commune l'audace d'envahir toute l'autorité, après en avoir fait l'essai: elle devint au grand étonnement de tous une puissance formidable; les montagnards se firent alors du conseil de la Commune, comme ils s'étoient fait jacobins. Ils n'entroient à la Convention que pour la trahir et la dissoudre, et ce qui étoit pis encore, pour la diffamer. Car ils avoient contraint la Convention à faire elle-même l'éloge de la journée du 31 Mai, de sorte que les départemens, sans cesse trompés, étoient dans l'ignorance la plus absolue sur ce qui se passoit à Paris.

La Commune de Paris, qui l'eût imaginé? c'est elle qui faisoit des lois, et qui les exécutoit.

J'ai vu six fois l'enceinte de la Convention investie par la force armée; j'ai vu les volontaires destinés pour la Vendée, qu'on avoit fait revenir sur leurs pas tout exprès pour cette expédition tourner leurs armes contre les représentans du peuple; et les citoyens de Paris venus pour les défendre, placés sur les derrières, ignorant absolument ce qui se passoit dans l'intérieur de la salle, ou dans ses alentours, sur le point d'être massacrés eux-mêmes, s'ils n'égorgeoient pas.

Depuis la nuit du 9 au 10 Mars 1793, jusqu'au 13 Vendémiaire, on disoit sans détour que pour remettre l'ordre, il falloit couper un certain nombre de têtes de députés, et les porter en triomphe dans les rues. Pour préliminaire à ces assassinats, les séditieux vomissoient les calomnies les plus atroces contre la représentation nationale; les faubourgs de leur côté vomissoient des armées, et ce qu'il y avoit de pénible pour les esprits, c'est qu'on ignoroit réellement quelles étoient les dispositions et les sentimens de ces hordes subitement armées, et silencieusement menaçantes.

CHAPITRE XXVII.

District des Cordeliers.

Ce fut au district des Cordeliers que Danton, chargé d'un décret de prise de corps et de dettes, sema, fit germer et lever tous les crimes révolutionnaires. Son digne collègue, Marat, avoit une ou deux sentences de prise de corps, lancées par le Châtelet. Le premier acte de démagogie, qui ouvrit la porte à tant d'autres, fut celui que Danton dirigea, en faisant armer tout le district pour défendre la personne de Marat. Sans la prudence de Lafayette, qui ne voulut pas forcer l'événement, la guerre civile étoit déclarée. A compter de ce jour, les anarchistes eurent le dessus;

et ce fut ce même homme qui fut ministre de la justice. Il eut des partisans, et l'on s'attacha à lui, parce qu'il étoit, disoit-on, moins sanguinaire que Robespierre : voilà tout son éloge. La nature l'avoit fait pour haranguer la populace, tonner dans un carrefour sur une borne; car il avoit l'éloquence des porte-faix, et la logique des brigands. Ce solliciteur de procès, ce tripoteur d'affaires fut député de Paris. Le 31 Mai il se promenoit rayonnant de joie autour de la Convention; je le rencontrai, et je lui dis: vous perdez la république et la France; il m'appella ironiquement l'enragé. Je lui dis: je connois assez l'histoire pour ne point ignorer que vous ne savez ce que vous faites; j'en dis presque autant au ministre Garat qui suivoit par foiblesse ou par crainte un parti désorganisateur, tandis qu'il faisoit la guerre au parti de la Gironde où il y avoit des vertus, des talens et de l'éloquence, mais pas assez de ce caractère et de cette énergie nécessaires contre des audacieux toujours prêts aux crimes.

Lorsque l'on songe, que les jacobins forcenés, ne se jugeant pas encore assez parfaits, alloient se former au district des Cordeliers, que Chaumette, Hébert, Chabot, Bazire, Fabre-d'Eglantines y furent les valets de Danton, comme Couthon et Saint-Just l'étoient de Robespierre, on ne sait ce qu'on doit le plus admirer ou de l'insolence de quelques hommes, ou de la stupeur des autres.

Pendant ce long règne du crime et de la sottise, Paris dormoit, et s'étoit laissé tomber dans le plus sale jacobinisme. Eh! qui le croiroit? Le district des Cordeliers l'emportoit encore en stupidité féroce; les Carrier, les Lebon, les Collot-d'Herbois dépassoient encore la ligne d'ignorance et de cruauté des jacobins démagogues. Hérault-de-Séchelles, qui présidoit la Convention le jour où elle fut assiégée par la Commune et son peuple secondés des têtes révolutionnairement exagérés s'entendoit avec Henriot au point qu'il promena ses collègues autour du jardin des Tuileries, comme pour prêter un plus large flanc aux destructeurs de la saine partie de la Convention; et lorsqu'elle fut sauvée par un de ces miracles qui se sont renouvellés depuis, il la ramena dans le lieu de ses séances, en consacrant cette légende chérie de la Montagne: „La force de la raison et la force du peuple, c'est la même chose.“ Le district des Cordeliers fit décréter la constitution de 1793, ce code anarchique si cher à tous les complices de Danton. Ainsi les Cordeliers, encore plus anarchistes que les jacobins, ne vouloient pas qu'il y eût un terme à la commotion révolutionnaire, et vouloient la communiquer à la génération suivante comme à la génération actuelle.

Chapitre XXVIII.

La main de bronze.

Cette main étendue comme celle d'un Empereur romain, et qui figuroit dans une place publique, la main de la statue de Louis XV, où est-elle aujourd'hui? O bisarrerie de la destinée, ou décret de la justice éternelle! c'est le prisonnier Latude, détenu pendant trente cinq ans dans les prisons d'état, qui se trouve possesseur de cette main de bronze, dont l'original avoit signé l'ordre de sa longue captivité.

On n'a rien vu de plus étonnant que la fameuse échelle qui avoit favorisé son évasion des prisons de la Bastille. Travailler seul une échelle de plus de trois cents pieds, la lancer de deux cents pieds de haut à travers des murailles qui ont 15 pieds d'épaisseur, se sauver, être repris, être délivré par miracle le 16 Juillet!... Si chaque homme n'a pas son destin, comment expliquer la patience, le courage, le bonheur de Henri Masère de Latude?

Le pied de cette même statue équestre est déposé au muséum des monumens français; voilà ce qui reste de trois dynasties.

Etrangers! vous viendrez visiter cette main et ce pied d'une proportion colossale: le Républicain sera là pour examiner les traits de votre visage: passez vîte, s'il n'exprime point la satisfaction, et retournez chez vous baiser des pieds et des mains de chair. Le jour que l'on mit bas toutes ces statues des rois, je vis la multitude dans un singulier étonnement: c'étoit de voir que ces bronzes n'étoient pas massifs, et que les flancs du cheval de bronze n'avoient guères que l'épaisseur d'un écu de trois livres; elle ne revenoit pas de sa surprise, et comme elle comptoit sur une émission presqu'infinie de pièces de six liards, elle éprouvoit une sorte de chagrin d'être détrompée; et elle disoit: Quoi? cela étoit si creux? Oui, tout étoit creux, *puissance et statue!*

Chapitre XXIX.

Funérailles de Michel Lepelletier.

Il avoit voté d'après sa conscience, la mort du roi; un ancien garde du corps cherchoit le duc d'Orléans, dans le dessein de le poignarder, et de le faire servir de compagnon à la grande victime; ne le trouvant pas, il entra chez un restaurateur, et ayant appris qu'il y avoit-là un représentant du peuple qui avoit aussi voté la mort du roi, il paya pour le duc d'Orléans. Le garde du corps tira de dessous son manteau un large coutelas dont il lui perça le côté; après ce coup, il s'évada. On saura peut-être un jour ce qui prépara et détermina cet étrange assassinat. On fit tenir à l'homme expirant des paroles qui ne furent jamais prononcées.

On ordonna une pompe funèbre en l'honneur de Michel Lepelletier; cette cérémonie avoit un caractère excessivement remarquable; on plaça le cadavre sur la base ruinée de la statue équestre de Louis XIV au milieu de la place Vendôme. Là fut prononcée son oraison funèbre par une voix qui se faisoit entendre sur tous les toîts. Il faisoit très-froid. Le corps de Lepelletier, nud, livide, et sanglant, montrant la large blessure qui lui avoit été faite, fut porté sur une espèce de lit de parade et promené lentement dans un très-long trajet accompagné de la Convention ainsi que de la société des Jacobins. Celle-ci avoit sa bannière, et tout à côté on en voyoit une autre de son invention: elle avoit pour flamme la chemise, la veste, et surtout la culotte de Lepelletier encore toute dégoûtante de sang. Chacun put voir le mort qui, juge de Louis XVI, l'avoit précédé dans la tombe.

C'étoit un spectacle à produire des impressions profondes; elles le furent aussi. Le hideux de la cérémonie disparut devant les terribles images qu'elle offroit. Le frère de l'assassiné conduisoit la marche; plusieurs Montagnards s'identifiant à celui que l'on menoit au Panthéon disoient: voilà donc notre sort, voilà ce qu'on gagne à fonder une république. On parloit d'une malheureuse orpheline, qui héritoit d'une fortune de quatre à cinq cent mille livres de rentes. Les éloges funèbres furent prodigués à Michel Lepelletier. Toutes les femmes eurent des rêves effroyables à la suite de cette cérémonie, et jamais mort ne fut salué de tant de regards, ni accompagné de tant de réflexions.

La fille de Michel Lepelletier devint la fille adoptive de la Nation; et c'est par elle qu'une loi de la république romaine se trouve dans le code de la république française.

Sous prétexte de trouver le garde-du-corps Pâris, on fit quelques jours après cerner le palais royal par dix mille hommes. Personne de ceux qui s'y trouvoient ne put en sortir, sans avoir été passé en revue par la garde, et avoir montré une carte dite de sureté à un officier de police. Cette persécution d'une espèce inconnue ayant parfaitement réussi, elle fut dans la suite répétée si souvent, que le Parisien ne la regarda plus que comme un jeu.

On regarde aujourd'hui comme un conte, tout ce qui a été dit sur l'arrestation et sur la mort prétendue de l'assassin de Lepelletier.

CHAPITRE XXX.

Dôme du Panthéon.

Au seul nom des piramides d'Egyte, du temple de Minerve à Athènes, du Colisée de l'amphithéâtre à Rome, de la maison carrée à Nîmes, de ces aquéducs magnifiques et tombant en ruine, de ces routes superbes aujourd'hui délabrées, l'attention se réveille, l'imagination se reporte au tems qui les a vu construire et les édifices modernes ne semblent être plus rien. Les monumens antiques dont les colonnes brisées sont éparses çà et là, pourquoi sont-ils plus beaux à l'œil de l'imagination que lorsqu'ils subsistoient dans toute leur intégrité? pourquoi les ruines qui les entourent, semblent-elles leur imprimer un caractère de majesté plus frappant. C'est ainsi sans doute, et j'en demande pardon à l'architecture et à l'ombre de Soufflot, c'est ainsi que le dôme du Panthéon écroûlé et renversé sera bien plus pittoresque que le Panthéon tel qu'il est. L'amateur frémira de mes paroles et criera au Vandalisme. Le philosophe les entendra et les appréciera.

Mais après tout, ces piramides, ces temples antiques, ce St.-Pierre de Rome, ce St.-Paul de Londres : que sont-ils, si-non des monumens de l'impuissance humaine ? Que sont les dômes les plus apparens, les voûtes les plus élevées aux yeux de l'observateur qui a passé sous les rochers ceintrés des Alpes, qui a contemplé dans un étonnement respectueux ces rocs tantôt majestueusement entassés, tantôt apposés irrégulièrement par la main de la nature ? Et qu'est-ce que l'intérieur de ces Basiliques si vantées auprès de ces cavernes imposantes que les fleuves ont creusées dans les flancs des montagnes et dont, malgré mon ardente curiosité, ils m'ont interdit l'entrée par un sentiment d'effroi.

Pauvre petit Panthéon auprès du mont St.-Godard. Depuis que l'on parle de ton état de dépérissement, j'ai voulu te rendre visite. Je me suis jetté dans les escaliers de l'édifice à travers les échelles, la poussière des plâtres, les marteaux, les longues scies et les échafauds mouvans et suspendus à des cordes blanchies. La voix de l'ouvrier faisoit écho; le moindre son se répercutoit, le moindre mouvement que j'entendois autour de moi, et qui se multiplioit à l'infini, sembloit m'annoncer la chûte prochaine du dôme, et pour le coup je me figurois enterré dans le Panthéon sans plaidoyer et sans conteste. La prédiction de Patte seroit donc accomplie, et les architectes Grecs, Egyptiens, Romains se moqueroient donc de l'architecte Français. Reprenant aussi-tôt l'attitude et le courage d'un observateur, je montois, je descendois, j'examinois, et cette masse énorme pesant sur de frèles points d'appui qui menacent ruine, me rappeloit que le dôme de St.-Pierre de Rome étoit relié comme une cuve, et je souriois de l'art hazardeusement audacieux qui élève des coupoles avec tant de peines, avec une dépense effrayante et toujours en pure perte pour l'humanité. Je comparois ces deux monumens, dont l'un déjà ancien est encore solide, et l'autre qui n'est pas encore achevé est menacé d'une chûte prochaine, et je me disois: celui qui depuis un demi siècle voit travailler au Panthéon encore imparfait, après avoir consumé les jours de tant d'hommes sans pouvoir en loger aucun, voit un château de cartes que de grands enfans construisent, que bientôt un souffle abattra et qui sera plus beau que jamais par cela seul qu'il sera tombé.

O foiblesse de l'homme! Il se complaît dans des travaux magnifiques et infructueux! il bâtit pour des ruines.

De même que plusieurs médecins assis au chevet du lit d'un malade, disent: c'est le foie, c'est la rate, c'est l'estomac, c'est le poulmon qui est attaqué, ainsi les architectes disoient: le mal est ici; .... non, il est là; .... les jambes sont bonnes, mais les vertèbres sont cariéés: chacun exposoit son projet comme la cure infaillible sans laquelle l'ébranlement du dôme devenoit général, la chûte certaine, et par contre-coup celle de tout le reste du monument.

En sortant de l'édifice j'éprouvai le plaisir qu'éprouvent les matelots et les guerriers à la suite des tempêtes ou des combats, celui de me sentir vivant. Et pourquoi étois-je allé visiter cet édifice? pourquoi? Parce que l'on m'avoit dit qu'il y avoit du péril. Singulier mouvement de l'imagination humaine! La vie des matelots est plus vivante que la nôtre, et voilà ce qui fait le bon marin. Une vie uniforme est une vie malheureuse. Balotté par toutes les tempêtes révolutionnaires, long-tems sous le fer des bourreaux, ma vie étoit pleine et laborieuse; je sentois mieux le prix de l'existence. Après ces longues époques, après ces scènes tumultueuses, après être sorti du vaisseau qui porté sur des flots orageux, menaçoit chaque jour de se briser contre les écueils dont il étoit environné; je crains de m'ennuyer, si je ne vais quelquefois chercher des dangers sous le dôme chancelant du Panthéon.

CHAPITRE XXXI.

Le Roi de Macoco.

Le Paris de Robespierre n'étoit plus celui de Louis XIV, de Louis XV, ni même de Louis XVI.

Au palais du nègre roi de Macoco on tue journellement deux cents hommes, mais c'est pour la bouche du souverain; chez nous, peuple policé, on les tuoit pour une opinion. L'archevèque étoit tombé du haut de sa cathédrale, le noble du haut de son donjon, le roi du haut de son trône, l'académicien de son fauteuil; mais Laharpe qui n'avoit pas dû se faire grand mal, cria cent fois plus haut que les autres; mais il ne fit tout ce tapage qu'après la chûte de la tyrannie décemvirale. A entendre ses longues et hurlantes lamentations, on eût dit que lui seul avoit été en prison.

Un prisonnier qui le valoit bien, disoit: je ne me plaindrai point, je vivrai; il me convient de vivre afin de laisser à mon innocence le tems de se dévoiler; mais j'aurai eu le courage de vivre, quoique flétri, parce que mon honneur ne dépendoit pas du vain caprice des tyrans, parce que j'aurai fait servir mes malheurs à étudier le cœur des hommes qui les auroient causés; et que tranquille avec ma vertu, j'aurai opposé ma conscience aux clameurs d'une multitude trompée.

Chapitre XXXII.

L'Insurrection.

La Marquise. (sonnant.)

Drelin ...; Drelin ....

Marton.

Madame appelle?

La Marquise.

Allons, Marton! Je me lève.

Marton.

Oui, j'y vais.

La Marquise.

Mon enfant, que dit-on?

Marton.

Madame, on nous annonce une insurrection pour ce matin....

La Marquise.

Quel conte! On dit qu'elle est tombée.

MARTON.

On parle de carnage, de destruction et de viol, chose encore pire. . .

LA MARQUISE.

Encore pire, Marton: Cela vous plaît à dire. Car enfin, s'il falloit. . . .

MARTON.

Hélas! j'entends par-tout que les méchans massacreront les femmes: et celles, m'a-t-on dit, qui seront de leur goût, jouets infortunés de leurs desirs infâmes...

LA MARQUISE. (très-vivement.)

Je frémis!... vîte, habillez-moi donc.... Puisqu'on vous outrage, on vous tue.... Allons, Marton, mon rouge... ô ciel! jaune, abattue,.... Je suis affreuse... ils me tueront!...

Chapitre XXXIII.

Religieuses décloîtrées.

Une jeune et jolie religieuse, sortant de son couvent, en vertu du décret de l'Assemblée nationale, et montant dans un fiacre, disoit en elle-même: „s'il ne „nous est pas ordonné de nous réunir à „d'autres maisons religieuses, comme „aux moines nos frères, du moins cela „ne nous est-il pas défendu...... Allons, „cocher, aux Carmes de la place Maubert."

Point de rentrée pour les Sœurs professes qui sont sorties, et que le repentir ou le besoin rameneroit dans le bercail: tel est le suprême et irrévocable décret signé par les Sempiternelles, et plus bas par les Sœurs converses.

Combien ce jugement vient de coûter de larmes à la jeune mère Ste. Agathe, qui malheureusement a été plus pressée de jouir de sa liberté que de sa pension! Sans fortune, sans amis, sans autres parens qu'une très-pieuse tante, qui lui avoit promis de la recevoir, et qui l'a méconnue; que devenir? .... ce que beaucoup d'autres deviennent en pareil cas?... Non, on a su l'en garantir, et la voilà qui, en tout bien et tout honneur, passe du cloître dans un de nos corps de garde..... Ne vous alarmez point; il n'est question que d'un district qui se fait un devoir de la recueillir, et dans lequel, malgré l'anathême de sa douce congrégation, elle est respectueusement logée, nourrie et habillée.... On prétend même que nos grenadiers s'abstiennent de jurer devant elle.

Lorsqu'on commençoit à parler du décret qui devoit décloîtrer les moines et les moinesses, six religieuses de *l'Ave Maria* furent condamnées à manger leur riz avec un cure-oreille pour avoir jasé un peu librement sur la possibilité de la suppression des ordres monastiques.

Chapitre XXXIV.

Journées du 12 Juin et du 10 Août 1792.

Lorsque l'artificieux Lafayette favorisa la fuite de Louis XVI, et l'exposa à son retour à Paris aux lazis du peuple indigné, c'est qu'il avoit fondé d'avance sur ce hardi stratagême, le projet d'une République. Les événemens qui suivirent cette fuite honteuse confirment cette assertion. Depuis lors en effet, la faction d'Orléans demanda à grands cris la déchéance du roi, et donnant un plein essor à la licence de la presse, le monarque des Français ne fut plus désigné que sous la figure d'un stupide cochon.

Le peuple entrainé par les discours et les écrits séditieux que payoient les conducteurs de cette même faction, honteux d'obéir à un chef avili, plongé dans la boue, ne le regarda plus que comme une pièce mécanique inutile à l'action du gouvernement, sur-tout puisqu'il existoit une Assemblée nationale.

Ce fut dans ces circonstances que parut la première Constitution. Le roi prisonnier à qui elle restituoit une partie de sa primitive autorité, l'accepta. Mais se défiant encore de sa force sous ce puissant bouclier, il ne s'entoura plus que de nobles conspirateurs, que de prêtres fanatiques, qui formèrent cet opiniâtre parti d'opposition, dont le but étoit de paraliser la volonté nationale, et de laisser mourir les lois nouvelles sur le papier.

Cette résistance insolente, ce mépris soutenu des droits d'un peuple enthousiasmé de la liberté, la France cernée de tous côtés de troupes étrangères, la scène des poignards à langues de vipères au château des Tuileries, le serment constitutionnel abjuré par les prêtres, les suggestions perfides des Evêques pour détourner le roi de recevoir la communion pascale des mains d'un prêtre assermenté, le courroux de ses sujets témoins de toutes ces atrocités, telles furent les principales causes qui précipitèrént l'orage sur sa tête coupable et sur celle de ses fallacieux conseillers.

Des agitateurs en chef parmi lesquels on comptoit Marat et Fréron, profitèrent de ces premiers crimes et de ces infractions aux lois, pour encourager les conjurés dans leurs projets. Ils firent naître par leurs feuilles périodiquement incendiaires, des rixes entre les citoyens et les nouveaux satellites du roi ; moyen adroit par lequel ils provoquèrent le licenciement de sa garde, et le livrèrent sans défense aux insultes de la populace.

Les Tuileries, dès lors, devinrent le chef-lieu de ralliement des apprentifs égorgeurs. C'étoit-là qu'ils venoient, sous la direction du duc d'Orléans, étudier les rôles de sa grande tragédie.

D'un autre côté, le chant du coq, affiche royaliste du député André, faisoit bouillonner les têtes. On ne voyoit la justice et la raison, que dans les maximes de Drawn Marat.

De-là naquirent les querelles d'opinions, les divisions entre les vieux amis, l'effroyable discorde plana sur Paris et les provinces. Chaque jour il y avoit des désordres à réprimer, des attentats à punir; chaque jour on insultoit le prêtre à l'autel; le frein de la religion étoit rompu. Insensiblement la terreur et la défiance s'emparèrent des esprits. La création du papier-monnoie en augmentant les alarmes, fortifia l'espoir des exécrables auteurs du pacte de famine, exécuté et prolongé depuis avec autant d'astuce que de barbarie.

Journée du 21 Juin 1792.

Enfin arriva le 21 Juin 1792 : calme, sage, magnanime le 20 Juin 1791, que le Parisien fut différent de lui-même à cette quatrième époque de la révolution !

Aussi terrible que le jour où commandé par Lafayette il alla chercher le roi à Versailles, il marcha sous les bannières des faubourgs, au château des Tuileries. La menaçante diversité des armes désignoit la trempe de chaque caractère, et sa barbare industrie. On eût dit qu'il y avoit pour chaque individu un roi à poignarder, à égorger, à déchiqueter, à couper par pièces.

En un moment le palais fut investi, escaladé ; des pièces de canon furent pointées contre les portes des vestibules. Des brigands montés sur les combles, s'introduisoient par les fenêtres. Tout ce qui retardoit l'impétuosité des assaillans étoit brisé en éclats. On voyoit voltiger du haut du pavillon du Nord, et retomber sur la terrasse la collection des édits et arrêts du conseil dispersée par des mains sacriléges.

Déjà les principaux conjurés avoient pénétré jusqu'à la chambre du roi. A l'aspect de ce monarque assis à côté de son épouse et de ses enfans, ils s'arrêtèrent interdits. En effet, il est juste de dire que Louis se montra tranquille, en n'opposant à 200 mille bayonnettes que son cœur pour défense.

Bientôt leur stupeur se changea en ironie. L'un d'eux coîffa Capet du bonnet rouge; il lui présenta une bouteille, pour l'abreuver du vin des assaillans. Le roi but et trinqua avec un sans-culotte.

Les bataillons populaires désespérés de ce risible dénouement, et jugeant que le coup étoit manqué, se débandèrent; ils sortirent du jardin avec les Charbonniers qui n'avoient pour armes que leurs bâtons, et pour drapeau qu'un sac à charbon attaché au bout d'un gourdin. Ils firent place au régiment de Flandres et aux grenadiers de la garde parisienne qui se rangèrent en bataille sur toute la longueur de la terrasse.

Cependant le roi échappé encore une fois au glaive, mais tremblant pour ses jours, s'enferma dans son château, et fit interdire le matin, l'entrée des Tuileries au public.

Plan des Nobles et des Émigrés pour renverser la Constitution de 1791.

Ce fut durant cette captivité que les aristocrates travaillèrent avec ardeur à organiser dans le midi la coalition des fidèles sujets de Jalès, pour opposer un front terrible aux efforts des Jacobins d'Orléans-Égalité, annuler le serment du clergé, maintenir dans son intégrité le culte catholique, et exterminer sans pitié, du sol de la patrie, les fondateurs de la liberté.

Ce qui pouvoit seconder le plus efficacement ce hardi projet, c'étoit le plan proposé depuis plusieurs mois, et bientôt mis à exécution, de stipendier des écrivains mercénaires, des correspondans dans les provinces, des chanteurs adroits, des hommes intelligens dans les bureaux de l'assemblée pour la secrète communication des pièces, des observateurs au club des Jacobins, dans la société des Cordeliers, dans chaque section des orateurs et des *applaudisseurs* apppostés, des motionnaires aux Tuileries, au palais royal, dans les cafés, dans les atteliers, aux spectacles et dans les guinguettes. Deux cent mille livres furent consacrées au paiement des gages de ces différens acteurs.

Mais ce fut justement ce plan qui accéléra la chûte du trône. Les sourdes manœuvres des royalistes furent déjouées par la prévoyance des amis de la liberté. Si Capet avoit ses écrivains, ses observateurs, ses tenans; les patriotes avoient aussi les leurs: ils furent bien plus habiles. A l'aide de la faction, ils entraînèrent la masse pure des citoyens, qui n'aspiroient qu'après le calme, et vouloient fermement le maintien des lois.

Premiers symptômes de la journée du 10 Août 1792.

L'orage s'annonçoit de loin par de sourds murmures. Les habitans des faubourgs formoient une corporation redoutable sous le nom de sans-culottes qui leur avoit été donné en signe de dérision par Lacueil, et qu'ils voulurent conserver comme un titre de gloire; les femmes elles-mèmes demandoient la parole dans les grouppes qui se renouvelloient sans cesse. Le mot tyran remplaçoit celui de roi dans toutes les bouches. On appeloit les nobles, aristocrates, et les prêtres, calotins. La terrasse des feuillans étoit le seul passage permis au public pour aller aux séances de l'Assemblée. Le peuple, de peur de souiller son pied libre de la poussière du jardin d'un despote exécré, fixa lui-même avec un ruban tricolore la ligne de démarcation qui fut scrupuleusement observée. Il assigna à l'intérieur de la promenade royale le nom de forêt noire. L'indignation des citoyens étoit à son comble.

Mais les voici à la veille du jour qui alloit expier tant d'attentats, tant de perfidies. Les Marseillais dès leur entrée dans Paris avoient commencé le cours de leurs assassinats; rien n'égaloit l'audace de leurs chefs, et les patriotes s'applaudissoient de les voir en avant.

Le 9 Août, dès les 4 heures après midi, ils se rassembloient au faubourg St.-Antoine au nombre de deux à trois mille: c'étoit pour venir assiéger le château. Le terrible mot d'ordre fut incontinent communiqué dans toutes les sections assemblées. Ce soir-là même, un quidam parcourut les terrasses des Tuileries avec un étendard dont la légende étoit conçue en ces termes: „amis, demain le trône sera renversé, demain nous serons libres.“ On lisoit sur les visages l'attente d'un sinistre événement.

Il ne tarda pas à se confirmer. Dès les onze heures de la nuit, le tocsin sonnoit, on battoit la générale. L'attaque alloit commencer à deux heures. Nombre de particuliers qui la veille assiégeoient les boutiques des fourreurs pour y louer des bonnets de grenadiers, accoururent au château augmenter l'élite des royalistes, les uns en uniformes, les autres en habits de couleur: tous s'étoient introduits à la faveur d'une consigne, ordonnant l'entrée libre à tous porteurs d'une carte bleue, avec ces mots en lettres noires: *Entrée des appartemens.* Mais l'Etat-Major avoit particulièrement signalé un individu qui devoit se présenter pour y pénétrer et assassiner le roi. Il ne parut pas.

Le 10 *Août* 1792.

Néanmoins le roi ne se coucha point. Le nombre de ses défenseurs s'accrut tellement jusqu'à près de 4 heures, qu'à peine étoit-il possible d'arriver jusqu'à son cabinet. Il étoit trois heures. Le peuple vengeur se montroit. Des détachemens de bataillons précédés de leurs canons, se répandoient dans les cours du jardin et du château. A cinq heures on comptoit plus de six mille hommes.

On avoit posé des détachemens de la garde nationale et des suisses à la droite et à la gauche de l'escalier qui conduisoit de la chapelle à l'appartement du roi. Le danger alors devenoit de plus en plus menaçant. Déjà l'on parloit, pour concilier les esprits, de conduire la famille royale à l'Assemblée; il s'agissoit même d'une pétition tendant à obtenir le renvoi dans la matinée de tous les Marseillais et Bretons qui étoient dans la Capitale. A ces propositions, des cris de vive le roi! se firent entendre..

Bientôt Capet entouré d'une foule d'officiers généraux, de courtisans et de grenadiers, descendit pour passer en revue les divers détachemens qui au moment de son passage, firent retentir les cris de vive la nation! tandis que les royalistes crioient vive le roi! On s'aperçut après son passage que les troupes étoient mécontentes; car il fut à peine remonté au château, qu'une partie de ces mêmes troupes qu'il avoit passées en revue se retirèrent; à 6 heures il ne restoit pas deux mille hommes.

Mais les Parisiens et le peuple des faubourgs hérissés de fer, inondoient les rues. Ils traversoient les ponts en longues colonnes, malgré les canons qui les barroient; ils s'avançoient à pas de géans vers les Tuileries; l'air retentissoit de leurs cris de fureur qui se mêloient aux tintemens du tocsin.

Avant sept heures ils étoient avec les Marseillais en bataille rangée sur la place du Carrousel en face du château. Dans cet intervalle, les officiers suisses versoient eux-mêmes de l'eau-de-vie aux soldats de leurs corps. Un officier général en proposa aux volontaires de la garde nationale. Bientôt après une voix ayant fait commandement, par le flanc à droite, par file à gauche, une légion de Courtisans déploya soudain espignoles, poignards, sabres, pistolets, défila au milieu des volontaires, et alla se ranger en ordre de bataille dans le cabinet du roi. C'est dans cette situation hostile qu'il fut mandé à l'Assemblée nationale. Une partie de cette légion armée et un détachement du bataillon de St.-Thomas qui faillit partager le sort des Suisses, protégèrent son passage à travers les flots du peuple en fureur, que la puissance insinuante de la parole parvint seule à calmer un instant.

Mais à l'aspect des Suisses, il s'indigna, il rugit, et c'est alors qu'un simple citoyen se précipitant au-devant du roi, alors à découvert, et saisissant sa main, lui dit: „Ce n'est pas un assassin qui te parle, c'est un honnête homme qui veut te conduire sans péril à l'Assemblée nationale. Mais pour ta femme, elle n'entrera pas; c'est une S. G. qui a fait le malheur des Français. Le roi, d'un air pénétré serra la main de cet homme; et dans cet instant même, le député Rœderer qui étoit auprès de Capet, le quitta pour s'approcher du perron de la salle des séances. Là, il proclama le décret de l'Assemblée qui appeloit dans son sein le roi et toute sa famille.

A la voix de Rœderer le peuple s'appaise de nouveau, et Louis et sa famille entrent dans l'Assemblée. Grand dieu! Ce calme fut comme l'intervalle du silence terrible entre l'éclair et le tonnerre, laissant après sa chûte, le signe épouvantable de sa colère.

Tout-à-coup on entend une décharge de mousquetterie ; d'autres répondent. Des torrens de fumée roulent dans les airs ; le jour en est obscurci ; on ne se distingue plus ; le grand escalier est déjà jonché de morts et de mourans.

C'est dans ce fatal moment que les Suisses, pour feindre une réconciliation, jettent des paquets de cartouches par les croisées, font retentir les cris de vive la nation ! Les Marseillais et les volontaires de la garde parisienne persuadés que les Suisses se rendent au vœu du peuple, se présentent en foule au grand escalier des appartemens, et soudain les traîtres font feu de bataillon et feu de file sur les volontaires et les Marseillais. Trois décharges consécutives encombrent les degrés de ce fatal escalier où la mort semble attendre ses victimes qui nagent dans des flots de sang.

A cette vue le combat devient général. Onze coups de canon, encore visibles aujourd'hui, frappent la façade du château, vis-à-vis le Carrousel. Un boulet entame le bord de la fenêtre de la chambre du roi. Ici, le peuple de sang froid, conserve une présence d'esprit imperturbable dans les justes transports de sa colère. Il combat et se défend en lion; il veut réduire en poudre le château et les tyrans qui l'assassinent.

Déjà les flammes dévorent la maison de l'Etat-Major des Suisses et celles environnantes. Les assaillans s'emparent des avenues du château. Les Suisses téméraires pâlissent à l'aspect de 100 mille bayonnettes; ils résistent encore. Quels cris de douleur et de rage, quels rugissemens! On les entend tomber sous leurs armes pesantes, en poussant l'affreux hocquet de la mort. Là des têtes volent par les croisées, ici des corps tout entiers sont jetés du haut des galleries. On déchire, on lance par les airs tous les matelas de lits-de-camp de satellites du roi; la laine éparse retombe à terre à flocons comme une pluie de neige.

C'est maintenant que ce même peuple, oubliant sa magnanimité, va déshonorer sa victoire. Altéré de sang et de vin, il s'enivre dans les caves. Sa cruauté va se tourner en férocité. Tous ses vices les plus hideux vont se découvrir et se trahir.

Les Suisses par-tout dispersés, sont par-tout poursuivis; par-tout ils sont atteints. En vain ces misérables rendent les armes, demandent la vie à deux genoux; le vainqueur ivre, est sourd à leur prière. Ils sont impitoyablement assommés, massacrés, transpercés de bayonnettes et de poignards. Leurs membres en chaque endroit dispersés, semblent renaître pour de nouveaux supplices. Que dis-je! ma plume tremblante pourra-t-elle l'écrire? des femmes, véritables furies, purent les voir rôtir sur les brâsiers de l'incendie, et contemplèrent d'un œil sec leurs entrailles fumantes.

Les brigands s'étoient aussi mêlés aux vainqueurs. Tourmentés par la faim, après avoir appaisé leur soif brûlante, ils pénètrent dans les cuisines. O comble de barbarie!... Un malheureux aide, qui n'avoit pas eu le tems de se sauver, fut par ces tigres enfoncé, pétri dans une chaudière, et dans cet état exposé au feu ardent des fourneaux. Puis se précipitant sur les comestibles, chacun saisit ce qui se trouve sous ses mains. L'un emporte une broche garnie de volailles; un autre un turbot; celui-là une carpe du Rhin qui l'égale par sa taille.

Chargés de ces captures, les bandits reparoissent audacieusement dans les cours, et défilent avec les Marseillois et les volontaires, qui chacun portoient en trophée les armes des Suisses vaincus, et les lambeaux sanglans de leurs uniformes.

La bataille gagnée, le château devint complètement la proie de tous les voleurs accourus depuis plusieurs jours des différens départemens.

Tandis que les patriotes, les vrais braves qui venoient de renverser le trône, et d'asseoir sur ses débris la base de la liberté, retournoient dans leurs foyers, en chantant l'hymne de la victoire, en accompagnant religieusement les corps de leurs compagnons d'armes morts sur le champ d'honneur, des monstres à figure humaine se réunissoient par centaines, sous le vestibule de l'escalier du midi, dansoient au milieu des flots de sang et de vin. Un bourreau jouoit du violon à côté des cadavres; et des voleurs, les poches pleines d'or, pendirent d'autres voleurs aux rampes.

Des milliers d'individus, tant hommes que femmes, plus menaçans, plus affreux les uns que les autres, sous leurs haillons sanglans, inondoient les appartemens. Les glaces tintoient sous les coups de bayonnettes qui les brisoient en éclats.

On arrive au lit de la reine. L'ivresse sans pudeur le rend le théâtre des plus infâmes obscénités. Le boudoir de la moderne Messaline devient aussi le rendez-vous des plus viles prostituées. On y voyoit des scélérats, les uns éructant sur le sein de leurs maîtresses, les autres dormant parmi leurs larcins amoncelés.

L'incendie du palais de Priam ne présenta point un plus épouvantable désordre. Les escaliers résonnoient sous les pas précipités des filous, des escrocs qui montoient, qui descendoient, qui se croisoient, qui se heurtoient, qui couroient dans les corridors, pénétroient dans toutes les chambres ; ils avoient déjà fracturé les secrétaires du roi, de la reine, de madame Elisabeth, des femmes de la cour. Assignats, or, argent monnoyé, montres, bijoux, pierreries, diamans, écrins, tant d'objets précieux leur étoient aussi-tôt tombés en partage. Des manœuvres se promenoient hardiment dans la galerie avec des montres à chaînes de brillans. D'autres, voleurs de profession, dégalonnoient les habits des gens du roi, faisoient main-basse sur la garde-robe, pilloient les étoffes, le linge, l'argenterie de table, les liqueurs, les bougies, les livres des bibliothèques, en un mot tous les effets qui pouvoient s'emporter clandestinement: on brisa des vases de porcelaine du plus grand prix, pour en enlever les attaches.

Tandis que ces violences se commettoient, les héros en chef faisoient porter avec ostentation par leurs aides, les grands chandeliers d'argent de la chapelle, avec des plats d'argent et une bourse de cent louis, à l'Assemblée, afin de faire disparoître jusqu'au moindre soupçon de spoliation.

Quoi qu'il en soit, cette journée offrit le tableau achevé de la destruction du trône du dernier roi des Français; et en effet, si l'on peut comparer les petites choses aux grandes, un jeune savoyard debout au sommet de l'orgue de l'église, souffloit dans un tuyau le *Dies irae*: on eût dit de l'ange trompette du jugement.

C'est après la tempête que l'on vient contempler ses ravages. Quand la réflexion remplace le premier effroi, combien l'on gémit à l'aspect de la nature bouleversée!

Que l'on se figure donc ici ceux des citoyens paisibles que la curiosité avoit portés aux Tuileries, pour s'assurer si le château existoit encore: ils erroient lentement, frappés d'une morne stupeur, le long de la terrasse hérissée de débris de bouteilles. Ils ne pleuroient pas; ils sembloient pétrifiés, anéantis. Ils reculoient d'horreur à chaque pas, à l'odeur et à l'aspect de ces cadavres sanglans, mutilés, égorgés, éventrés, sur les visages desquels vivoit encore la colère.

D'autres, plus stoïques, faisoient remarquer aux passans des nuées de mouches avides de sang, que la chaleur avoit attirées dans leurs larges blessures, et dans leurs yeux sortis de leurs orbites.

Cependant la populace fatiguée de carnage, succombant sous le poids des dépouilles, disparut avec le soleil, pour aller se livrer au repos. Si le lendemain, elle retrouva sa raison, elle dut sentir aussi en punition, la pointe acérée des remords.

En ce jour, l'anarchie fit le premier essai de son effroyable toute-puissance, et préluda aux massacres de Septembre. L'Assemblée législative pouvoit se couvrir d'une gloire immortelle, et mériter le titre de fondatrice de la liberté républicaine: au contraire, elle ne montra, dans le moment d'un si beau triomphe sur la tyrannie royale, ni sagesse, ni dignité, ni courage. Elle ne se présenta point aux assassins, aux brigands, aux démolisseurs ; elle ne sut pas imiter l'homme-Dieu qui, dans une tempête, étendant majestueusement la main, commande aux vents et à la mer de s'appaiser.

Elle laissa abuser de la victoire, une portion de scélérats, qui, dans la frénésie de l'ivresse, se crut seule la tête, le coeur et le bras de toute la France.

Chapitre XXXV.

Grégoire.

La Convention nationale a remplacé l'Assemblée législative le 21 Septembre 1792: semblable au souverain qu'elle représente, ses premiers pas furent des pas de géant, ses premières paroles des coups de foudre: après avoir consacré la souveraineté du peuple par un décret portant qu'il ne peut y avoir de constitution que lorsqu'elle est acceptée *par le peuple*, et déclaré que la sureté des personnes et des propriétés étoit sous la sauve-garde de la nation, il falloit porter le dernier coup à l'hydre dont les têtes sans cesse renaissantes menaçoient la liberté. Le dernier des rois Français n'existoit plus; mais la royauté lui survivoit encore. Un membre se lève et dit: „Il est une délibération que nous ne „pouvons différer un seul instant, sans „être infidèles à la nation: c'est l'abo-„lition solemnelle de la royauté.“ On demande que la question soit discutée. „Qu'est-il besoin de discuter, s'écrie „*Grégoire*, quand tout le monde est „d'accord? Les rois sont dans l'ordre „moral, ce que les monstres sont dans „l'ordre physique. Les cours sont l'atte-„lier des crimes, et la tanière des tyrans.“

„L'histoire des rois est le martyro-„loge des nations: dès que nous sommes „tous également pénétrés de ces vérités, „qu'est-il besoin de discuter?“ *Aux voix!...* s'écrie-t-on de toutes parts!... *aux voix!...* toute l'Assemblée se lève par un mouvement spontané: il se fait un grand silence; et sur la proposition de *Grégoire*, la Convention nationale décrète que la royauté est abolie en France. A ces mots, le sanctuaire des loix retentit de *vive la nation! vive la liberté!* C'est au milieu de ces acclamations qu'est proclamée la *République*. Le sceau de l'état portera désormais un faisceau surmonté du bonnet de la liberté, avec ces mots pour exergue: *République Française*. Tous les actes seront datés de *l'an premier de la République Française*.

A peine la royauté étoit-elle abolie, qu'on vit le dictatoriat s'élever sur ses débris. Parmi les insensés qui osoient ambitionner ce rang suprême, on nommoit: qui? MARAT!.... Il fut obligé de se justifier, comme si la France avoit eu à craindre que cet homme ne devînt roi, sous un autre nom. On devoit hausser les épaules à la vue de *Marat* dans la tribune, tirant de sa poche un pistolet, comme autrefois nos capucins en chaire tiroient un petit bon-Dieu de leur manche, et dire, en se démenant comme un *Polichinelle* d'Italie:.... „Je ne crains „rien sous le ciel! (lui! *Marat*, qui „s'étoit caché dans un trou de cave, pour „se soustraire aux poursuites de La-„fayette!) je ne crains rien sous le ciel! „mais si un décret est lancé contre moi „par l'Assemblée, je me brûle la cervelle „devant vous!" Puis renfermant son instrument de mort qui vraisemblablement ne recéloit que de la poudre, ajouter: „Mais non, je resterai au milieu „de vous pour braver vos fureurs!" — Quelqu'un lui dit en sortant de la séance: „Croyez-moi, *Marat*, craignez „de perdre au grand jour où vous ex-„posez votre place de député, l'espèce „de succès que vous ne devez peut-être „qu'à l'obscurité de la cave où vous „vous êtes tenu caché pour composer „votre journal. *Marat!* le charlata-„nisme n'est plus de saison: quittez „vos gobelets!"

www.ingramcontent.com/pod-product-compliance
Ingram Content Group UK Ltd.
Pitfield, Milton Keynes, MK11 3LW, UK
UKHW021103230726
13926UKWH00004B/1996

9 782014 455922